岩波新書精选 10

近代朝鲜与日本

［韩］赵景达 著
李濯凡 译

新星出版社　NEW STAR PRESS

新经典文化股份有限公司
www.readinglife.com
出 品

致中国读者

隋唐时代以来，日本在约两千多年的时间里一直努力学习中国的学术、艺术、技术和文化。日本今日之发展，即仰仗中国伟大先哲长期以来的言传身教——这样说并不为过。中国，有学恩于日本。如今，借由新经典文化的翻译和出版，岩波新书来到中国读者面前，我想，这也算是对中国学恩的一点点谢意吧。

岩波新书与中国结缘已久。岩波新书创刊于1938年。前一年，日本加剧对中国的侵略，岩波书店创始人岩波茂雄对独断专行、破坏中日友好的军部感到强烈不满，遂决心创刊岩波新书。要想抵抗日益猖獗的军国主义思潮，首先必须要做的，就是实事求是地了解中国。岩波茂雄秉持着这种信念，最终选择了《奉天三十年》作为创刊的首部作品。

《奉天三十年》是19世纪末至20世纪初，在当时的沈阳努力推行医疗普及的爱尔兰教会医师克里斯蒂的回忆录。这本著作除了向读者展示了当时满洲发生的事情和民众的生活外，还是一本即便以今天的标准来看也颇有学术价值的著作。作为东亚的朋友，对中国人民怀有深切感情的岩波茂雄深受克里斯蒂的触动，将其回忆录翻译出版，以此开始了岩波新书的历史。

承先行者之志，岩波新书此后又出版了许多以中国历史、社会、文化、艺术为题的书籍。自创刊以来及至今日，由岩波新书发行的、以中国为主题的书籍已达140余册。我们对于中国的关注和热情从未衰减，对于岩波新书而言，"中国"已成为身边不可忽视的存在。

那么何谓"新书"呢？或许有必要向中国读者再次进行说明，因为新书是诞生于日本的独特出版物。

新书最大的特点是它"小而紧凑"。在字数上，新书大约在十万日文字左右。标题简练，通俗易懂。若是部头过大，则十分难读；若部头过小，则不能尽兴。而取其中庸的新书正符合日本人喜爱轻快节奏的心性。日本人就是喜欢新书这类书籍的人。

据说，目前日本已经出版了一百多种可称为"新书"的书籍。除岩波新书外，中公新书、讲谈社现代新书、筑摩新书、集英社新书、光文社新书等，以出版社冠名的新书种类数不胜数。各大出版社相互竞争，每月合计发售数十本新书。诸位读者日后来日本旅游时，也可顺路看看日本的书店。日本的书店会有一个"新书区域"，在这个区域，你会看到如同百花齐放般热闹的景象。

在百花齐放的新书领域，岩波新书是第一个在日本发行新书的老字号。创刊八十年以来，我们时时刻刻在满足着日本读者的求知欲和好奇心。岩波新书的一大特色就是其内容的可信度高。

我们在各个领域拥有最权威的学者、编辑和作家，产出了许多可称为名著的作品。在岩波新书出版著作是一件很有荣誉的事，这已经是日本各界达成的共识。

岩波新书擅长的领域是学术和纪实。畅游在学术世界里的学者为将思考和研究成果凝聚成一本小小册子而倾注心血，执笔著述。行走在"真实"世界中的新闻工作者则冷眼审视时代变迁和社会动向，以锋利的笔触向世人传递信息。无论在哪一领域，以满腔热血活跃在第一线，这就是岩波新书。

日本有一个词叫"修养新书"，这也可以说是岩波新书的代名词。读者可以在书中养性修身，进而构筑一个美好社会和世界，这便是岩波新书的目标。不止步于获取知识，而是将获取的知识与自我的生活、生命相连接，所谓"修养"就在于此。将更多的"修养新书"带到这个世界，这就是我们岩波新书的使命和理想。

此次经新经典文化发行的岩波新书，是我们从出版的 3 200 本书中严格挑选出来的。无论哪一本，都是了解日本历史、文化、社会的绝佳之作，对此我们深信不疑。

最后，我想向中国读者，以及从中牵线搭桥的新经典文化主编杨晓燕女士和各位翻译、校阅的老师致以深深的谢意。已经捧得本书的读者，希望这本书能够成为你美好的人生伴侣。

岩波新书主编　永沼浩一
2018 年 8 月

序　章

底片和正片

朝鲜半岛和日本经历了数千年的交流，国家诞生以后，两国的历史也一直跌宕起伏，既有和平时期，也有战争时期，双方人民心中都混杂着憧憬、憎恶等复杂情感。近年来的韩流现象让人惊奇不已，但"嫌韩流"、抨击当代朝鲜的势头也很猛烈。朝鲜半岛的日本观也是如此，有憎恶，有憧憬，甚至还有正在萌芽的"对等意识"。无论朝鲜还是韩国，人们似乎都没有从复杂的情感和认识中彻底走出来。

不消说，这种相互间的爱憎大多起因于近代以来的不幸历史。日本不但侵略了朝鲜，还散播一种"朝鲜的历史是停滞的、他律的"历史观，使侵略合理化和正当化。这种自私自利的殖民地史观认为，朝鲜不能依靠自己的力量实现近代化，如果弃之不顾，整个国家会被他人窃取，因此日本必须出手相助。有些人从日本古代曾经统治过朝鲜部分地区的历史认识出发，大肆宣扬"日鲜同祖论",认为吞并大韩帝国不是侵略,不是出自邻里之爱,而是出自"同祖"之爱的日韩一体化。这就像两面对照的镜子,朝鲜被动地成为日本的底片,而朝鲜越是这样的底片,日本就越能作为正片散发光芒。

战后的朝鲜史研究

战后的朝鲜史研究将克服以上历史认识作为最大课题。这导致20世纪50年代至60年代中期兴起了一种描述朝鲜民族坚韧抵抗侵略的历史观。但是这仍然无法克服殖民地史观。后来,所谓的"内在发展论"风靡一时,即认为朝鲜已经内在地走上了近代发展的道路,而日本阻碍了这一趋势。

20世纪80年代后,有人对这种历史观产生了怀疑。这是因为"内在发展论"一面强调"统治与抵抗"的历史,一面描述近代化的发展道路,这样的历史观不仅过于强调一国的历史,而且还在谴责近代日本民族主义、国家主义的同时,鼓吹朝鲜民族主义。它所强调的是"殖民地近代化论"。这种论调的特征在于试图论述日本统治下的朝鲜资本主义发展。由于这种论调有为日本统治做合理性解释的一面,因此直到现在也是争论的焦点。

与此相对,如今盛行的是"殖民地近代性论"。它不像"殖民地近代化论"那样以近代为是,而是从批判近代的角度出发来立论。即认为在日本的殖民统治下,朝鲜人无论愿意与否,都不得不将恶性的近代价值内化。这看上去似乎非常顺应当下的历史学大潮,因为当下的历史学大潮是极力主张国民、国家相对化的。不过,这种论调虽然批判了近代,可实质上却是把近代绝对化了。这种观点认为,人们根本无法抵抗渗透力超乎想象的"近代"。

一般认为,对近代的批判与对近代日本的批判是相通的,但两者很难并行。"内在发展论"虽然对近代日本展开了尖锐的批判,但它将朝鲜和日本的同质性当成了前提,认为朝鲜和日本在通往近代的速度上没有多大差异。如果果真如此,那么从逻辑上来说,近代也就未必应该被批判了。而近代日本应该被批判,只是因为它阻碍了朝鲜的内在近代化。在朝鲜近代史的研究中,摆脱近代的束缚并不容易。

着眼于政治文化

那么,要想将近代相对化,究竟需要怎样的历史认识呢?所谓历史,其实有多条发展道路。认为历史未必会朝近代化方向发展的史观不仅可以使近代相对化,还会成为批判近代日本,批判追随、模仿西欧走上近代化道路的日本的理论依据。

因此我想从政治文化入手。所谓政治文化，就是在开展政治、进行抗争时，决定其内容和展开方式的意识形态、传统、观念、信仰、迷信、愿望、惯例、行动规范（规则）等有关政治进程的一切文化。政治文化一般由统治者和被统治者所共有。若不共有，国家、政府便缺乏稳定性，处于危机状态。比如在前近代社会，王政会得到普遍支持是因为国王不单单是征税者，还是赐予领民慈悲与幸福的高贵存在。即便事实并非如此，但至少人们在观念上是这样认为的。国王可以住富丽堂皇的宫殿也是因为臣下和领民之间有这样的共识。但是，再三违背人民的期待，随意实施恶政，统治者便会面临革命危机。传统社会由于不存在"人民本身即实施政治的主体"这种思想，因此革命后依然会有新的救世主作为国王君临天下。在这样的政治进程中，人们会对国王抱有不切实际的期待，而且很多关于改天换地的迷信、流言，抑或愿望、民众起义等因素也会复杂地交织在一起，使社会喧嚣混乱。改天换地的机运萌发时往往很容易诞生义贼，这是政治文化上的问题，同时也强烈反映了民众的愿望。

这样的政治文化在更广泛的意义上还包括政治思想和政治理念，但二者有别于前者。就一个国家的根本法则而言，政治文化必然包括政治思想和政治理念，但在现实的政治世界中，政治思想和政治理念未必能得到忠实地反映。有些国家标榜民主主义，却非民主主义。在前近代社会，许多国家以儒教、佛教、基督教、伊斯兰教等宗教为基础，将建立在这些宗教之上的政治思想作为根本法则,但这些国家的政治世界、民众世界的状况依然因不同的地域、民族和国家而千姿百态。即便是同一个根本法则的政治思想,其表现方式也不尽相同。

发端于西欧的"近代"的确依靠绝对的力量、以不可阻挡之势席卷了整个世界。但是,它并未创造出同样的社会和国家。受制于各个地区、民族、国家的传统政治文化,一个个独特的政治世界被创造出来。"近代"不只有一个模样。有些国家和地区即便不能超越近代,但也会在相当长的时期内与近代产生纠葛,并在现在、将来一直持续下去。比如,不丹不追求过度的 GDP 增长,而将政策的基础放在增进国民幸福总值上,这与不丹的传统政治文化是密切相关的。对政治文化史的讨论具备这样一种可能性,即从发展阶段论中提供一种自由看待历史的视角。

本书的目的

本书试图从以上这一点来概观日朝近代关系史。朝鲜近代史在一国史的角度上是不成立的,尤其不能抛开与日本的关系。日本近代史也应是如此。二者分别以怎样的社会为前提,怎样闯进了近代世界,以及想要建立怎样的国家?本书试图以政治文化为突破口来阐明这一过程。

本书的范围始于19世纪中叶，止于1910年大韩帝国被吞并。但既然是把政治文化作为问题对象，那么就需要有长远的视野，因此本书从朝鲜王朝建立时说起。为了对朝鲜和日本进行比较，有时也会言及日本的政治文化。本书以朝鲜为主线叙述日朝关系史，因此比较史也是题中应有之义了。

所谓文化，即使在其前面冠以"政治"，也未必能以善恶论之。如果用一方的文化去否定另一方的文化，那就是文化侵略。但在历史的某个阶段，文化往往会带来福祸，而且得福者会唾骂得祸者。这就是历史的负面性。正因如此，我们才更加需要关注在背后左右历史进程的政治文化。日朝近代关系史确实存在日本侵略朝鲜的一面，但是是什么让这种侵略成为可能？这就需要在政治文化史的维度上冷静地思考。今天的朝鲜半岛与日本之间仍然横亘着各种各样的问题，而相互理解就是要充分了解彼此的文化以及政治文化。既然是邻国，那么无论二者愿不愿意，都只有培植交流的土壤这一种选择。本书不论述普通文化，而是抱着为相互理解做出贡献的些许希望，从政治文化史的观点出发来书写日朝近代关系史。

目录

致中国读者 i
序 章 v

第一章　朝鲜王朝与日本　001
　　一、朝鲜的政治与社会..................003
　　二、开国前夜的朝鲜..................013
　　三、"征韩"思想的形成与明治维新..................020

第二章　朝鲜开国　027
　　一、大院君政权..................029
　　二、大院君的攘夷政策..................034
　　三、《江华条约》的缔结..................040

第三章　开国与壬午兵变　049
　　一、开化与斥邪..................051
　　二、第二次开国..................058
　　三、壬午兵变与日本..................063

第四章　甲申政变与朝鲜的中立　071
　　一、闵氏政权与开化派..................073
　　二、甲申政变与日本..................079
　　三、列强与朝鲜的中立化构想..................088

第五章　甲午农民战争与甲午战争　097
一、甲午农民战争的爆发......099
二、甲午战争与朝鲜......110
三、第二次农民战争与日本......117
四、甲午改革与日本......124

第六章　大韩帝国时代　137
一、大韩帝国的诞生......139
二、独立协会运动......144
三、大韩帝国的政策......154
四、大韩帝国时期的民众运动......163

第七章　日俄战争下的朝鲜　169
一、日本占领朝鲜......171
二、军律体制......178
三、反日抗争......186

第八章　殖民地化与恢复国权运动　193
一、日本推动朝鲜保护国化进程......195
二、恢复国权运动与第三次《日韩协约》......206
三、恢复国权运动的扩大及其思想......218
四、恢复国权运动与日本......229

第九章　吞并大韩帝国　241
一、并合决定与安重根事件......243
二、大韩帝国的灭亡......252

译　注　265
年　表　267

第一章 朝鲜王朝与日本

两班 穿官服的文官（左）和穿军装的武官（右）

一、朝鲜的政治与社会

朝鲜王朝的身份制度

李氏朝鲜建于1392年,其身份制度分为两班、中人、良民(常人)、贱民四等。两班是士族,由官僚及其子弟构成。中人指中下级技术官僚,由科举中的杂科及第者及其家族构成,多为世袭。良民和贱民是被统治阶层,前者承担军役等良役(兵役、劳役以及作为替代的缴纳布匹的义务),后者作为奴婢,直接隶属于官府或两班。但是在社会习惯上,贱民不仅仅指奴婢,还包括从事七般公贱[1]、八般私贱[2]等多种职业的人。七般公贱中的吏属(也叫胥吏、衙前、官属)是乡吏身份,本是高丽时代豪族的后裔。他们在两班之下,直接统治民众。

令人不解的是，在这样的身份制度下，两班（士族）作为极其重要的统治阶层却没有在法律层面得到严格区分。两班本是东班（文官）和西班（武官）的总称，意思是文武官僚。要想成为文武官僚，有文科[3]、武科及第之道和荫叙之道。后者比贵族制的高丽时代限制更加严格，官职的升迁也被规定在一定范围内。不管怎么说，两班指的就是官僚。但不知从何时起，两班的含义被扩大了。即使是长期无人做官的门第，在当地有时也被视为两班。因此，朝廷于 1525 年将士族限定为生员、进士（科举小科及第者），以及四祖（父、祖、曾祖、外祖）中有显官（包括一品至九品的所有官僚）的人、文武科及第者及其子孙。也就是说，除了科举及第者，官僚的子孙若超过四代，就不能称作两班。

但此后两班的定义仍不明确。两班从来都不是法律程序认定的阶层，而是因社会惯例而形成的阶层。是否为两班，标准一直是非常相对和主观的。两班大体分为京班（在京两班）和乡班（在地两班）。不过，有的地方承认在地两班是两班，有的地方则不承认。

王道的政治体系

朝鲜王朝的建国理念是朱子学，其政治理念是儒教民本主义。所谓儒教民本主义，主要以《孟子》的思想为典范，排斥权力主义的霸道，以德治主义的王道为目标，倡导有益于民众的政治。放在王道政治层面,其理想模式就是仁慈的君主对万民施行德治。

基于这种王道政治的理想,朝鲜王朝形成了由八道构成的大行政区划,其下有350个邑(因地域不同名称各异,也叫府、牧、郡、县等),邑下有面(行政村),面下有洞或里(由多个部落构成的自然村)等基层行政单位。面的管理者叫风宪、约正,洞、里的管理者叫尊位、头民。监营是道的首府,设观察使(监司)监督邑。邑设守令,负责行政、司法、征税等政务。邑还设有乡厅(朝鲜王朝前期叫留乡所),是地方士族的自治组织,也是守令的咨询机构,负责监督乡吏(胥吏)。乡厅的管理者叫乡任(座首、别监等),是从乡案(当地士族花名册)中选拔出来的。此外,邑还设有乡校,隶属于首都汉城(首尔)的成均馆,负责地方的儒教教化和子弟

书院

教育。邑中还有当地士族私设的书院,是议论政事和时势的场所。不过,书院有时会被视为地方势力的巢窟,与王权的强化水火不容。作为军事组织,除中央军外,全国还设有兵营(陆军)和水营(海军)。征兵制度虽然得到了完善,但进入16世纪后,军役已经变成了人头税,因此王权不再拥有强大的军事力量。

高丽王朝是由豪族联盟发展而来的贵族制国家。朝鲜王朝作为高丽王朝的继承者,一开始的王权并不强大。虽然贵族制的国政被否定,但以严格的科举制度选拔人才的方式并不如中国那样彻底。因此,建国伊始朝鲜王朝虽将一君万民作为理想政治,但君臣共治才是其政治运行的根本。朝鲜王朝中央设有议政府,其下有负责实务的六曹(吏、户、礼、兵、刑、工),还有名为三司的司宪府(负责整肃官员风纪)、司谏院(负责向国王谏言)、弘文馆(负责典籍研究和起草国王文件),发挥掣肘王权的作用。虽然朝鲜王朝一直维持着这样的君臣共治架构,但英祖(1724—1776年在位)和正祖(1776—1800年在位)却想实现真正的一君万民政治。

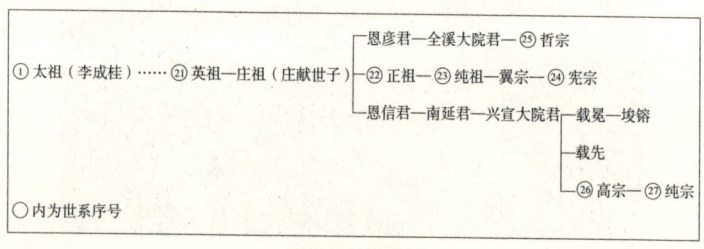

朝鲜王朝世系图

儒教民本主义

在一君万民的体制下,公论和直诉(越级上诉)是重要的言路,建国之初便受到重视。儒教民本主义认为,政治的主体终究是国王和官僚、士族,民只是政治的客体。但与此同时,儒教民本主义又坚决认可民的异议申诉。王宫前设有申闻鼓,敲鼓即可直诉。16世纪时,国王巡幸的过程中也可轻易直诉(进呈言辞或击铮)。

英祖和正祖加快了直诉的简化进程。作为保民济民之策,英祖通过频繁的巡幸询问和邀请询问来受理直诉,而正祖比英祖还要尽心于询问。尽管有人从保护守令等官吏的官权立场出发,提出限制直诉的意见,但正祖在位期间所受理的直诉仍达4 427件。国王还屡屡将亲自任命的暗行御使派往地方,揭露地方恶政,以秘密调查官的身份发挥前所未有的作用。

除此之外,儒教民本主义还有劝农教化、赈恤扶助、平均分配等具体内容。农本主义是儒教民本主义的基础之一,即用通俗的道德教化人们成为淳朴的农夫。民是粮食生产的主体,同时在赈灾时又有接受仁政的权利。既为民本,民就要比国重,因此国家奖励民众相互扶助,富民帮助贫民。两班是将儒教民本主义内化于心的人,因此救济民众自然是两班的责任。以上这种民本主义势必会将平均主义视为理想,进而孕育出均田思想。

在一君万民的体制下,土地买卖和自由迁徙也获得了原则性的保障。在朝鲜的村落中,有种名为"普玛锡"和"独来"[4]的共同劳作形式，村落共同体也的确存在。但与此同时，村落又是开放的，在村落间迁徙并不特别困难，新迁入者也很容易被接受。一旦成为村中一员，就得加入名为洞契的村落组织，受起源于乡约的洞约（村规）约束，不过依然可以自由离开村落。

一君万民社会的现实

但是，基于一君万民的儒教民本主义毕竟是一种理想，现实中未必能够实现。人口虽然可以自由流动，但凶年时流民现象屡屡出现。虽然按照规定每三年进行一次户籍调查，但调查并不严格，官吏只在表面严格执法，因为一旦严格起来，穷人便无法逃避良役，因此官吏睁一只眼闭一只眼的情况并不稀奇。相互监视、负有连带责任的五家统制虽然基本上得到了完善，但仍然无法发挥十全的作用。

在儒教民本主义方面，教化主义被放在了第一位，纪律主义（法治主义）被放在了第二位。但在现实中，与民本相悖的事情反而屡有发生。例如，军役改成人头税完全是基于民本主义的逻辑，但结果变成了苛税，反而伤害了民众。而且最大的问题是，一君万民的理想受到朋党政治，即强大的臣权势力的威胁，至朝鲜王朝晚期，四色[5]之间的党争进入白热化阶段。一君万民的理想还常常受到地方官、胥吏等中间势力的践踏。想当地方官的人有很多，要想胜出必须贿赂。始终保持君子风度是无法当上地方官的。胥吏是一种劳役，没有俸禄，因此他们只能自筹工资，以收取行政手续费的名义掠夺民众。守令虽有牧民官（地方官）的觉悟，瞧不起这些胥吏，但他们又不得不在某种程度上容忍胥吏作为自己的手足从中盘剥，而且自己也参与到盘剥中来。

若是在可接受的范围，民众未必会将权力方的掠夺视为不法。赈灾时，守令的确想赈恤百姓，于是要求那些无论是经济上还是人格上都君临于民众之上、既是"土豪"又"有武力背景"的两班和富民拿出赈恤米。两班和富民虽不情愿，但仍然将赈恤视为义不容辞之事应承下来。胥吏有时也要演一演假面剧慰劳民众。歉收时，胥吏虽然会摆出一副有恩于人的样子，但他们毕竟在盘剥时有所收敛、手下留情。而民众也诉诸儒教民本主义，以正当权利要求赈恤。如果不加以赈恤，有时甚至会引发民乱（作闹、作扰、民扰）。在治者和民众之间存在一个"德治与诛求不甚明了的统治空间"，以及一种奇妙的共生关系。基于一君万民理念的儒教民本主义政治文化呈现出一种复杂的形态。

民众的成长

在这样的政治文化背景下，民众在 18 世纪后逐渐成长起来。随着移秧法的普及，生产力大大提高，17 世纪的朝鲜农民作为小农开始自立。小农自立是身份制解体的第一步。党争、生活奢靡、对门中（亲族组织）的过分扶持导致两班逐渐没落。另一方面，普通民众也试图提升自己的身份。18世纪后，有越来越多具有经济实力的饶户、富民阶层以及庶孽（庶子）阶层被登记在乡案中。提升身份的手段有很多，诸如通过纳粟（危急时献纳谷物）取得职帖（委任状）、在乡校和书院注册学籍，更有甚者还会伪造族谱、在户籍上伪称幼学（尚未及第，也未曾仕官的儒生）等。

18世纪以后，特别是19世纪，民众萌动的时代到来。民众以其提升身份的强烈意志成为历史的主体。在小农觉醒的过程中，民众实现了家族的连续性，甚至还通过加强祖先观念和同族意识共同享有士族价值规范和生活理念。这样一来，户籍和族谱上便出现了大量近似于士族的人，这在表面上增加了两班的人数。朝鲜与日本不同，不实行兵农分离体制，而是士族和农民共生于各个村落之中。士族作为中小地主阶层，具有君临于农民之上的掠夺者的一面。而被迫内化儒教规范的民众也在不知不觉间，开始对两班的行为规范产生了憧憬。民众的"两班观"充满了爱恨交织的二律背反。

士的概念

在这样的背景下，人们开始发问，什么是两班（士族）？所

谓士，是与朝鲜固有词语"선비"（音"松比"）相对应的汉语，本义是指超越身份的具有学养道德的高尚之人。18世纪至19世纪前半段诞生了后来被称为实学者的改革思想家阶层。他们自负地称自己为士，并在此基础上对士族进行了猛烈的批判。其中，活跃在18世纪后半段的实学巨匠朴趾源对士族的游民化状况进行了尖锐的批判，并探求士本该具有的形态。他说，两班与士族同义，但两班与士未必同义。所谓士，是超越身份的，将"孝悌忠信"作为"实"，将"礼学刑政"作为"用"来学习的。只有将学问归结于实用的人才能称为士，即读书人。支撑这一观念的，是"士者，应是为天下国家鞠躬尽瘁之人"的认识。

继承这一观点，后来成为开化派之祖的朴趾源之孙朴珪寿认为，不应将士限定为读书人，士以外的农工商，甚至是贱民，只要具备"孝悌忠顺"之德，就应该被称为士。他从"孝悌忠顺"这一普世的"道"的观点出发，通过将现实中的士族身份加以相对化，构筑了四民平等的逻辑基础。在一君万民的理想中，本来就不允许存在身份制度。朝鲜内在的身份制解体已近在眼前。

与日本的比较

朝鲜的这种社会状况虽然同样形成了小农社会，但与日本有很大不同。的确，近世日本也采用儒教的统治方式。不可否认的是，近世日本存在这样一种逻辑，即"百姓的形成"[6]依靠的是与公仪（幕府或藩国）的恩赖（恩德）关系，这种关系是以仁政思想为前提的。同时，近世日本还存在以教谕为主轴的儒教政治文化。而且也有观点将日本的大名比拟为牧民官。培养儒教修养是武士理所应当的功课。自18世纪末，以儒教教育为主的藩校在日本全国范围内普及开来。

但是在近世日本，"武威"是幕藩体制的最大后盾，这一点从未改变。虽然此时已经产生了以民本主义为指导的牧民（治民）意识，但严格的法治思想与"御救"（自上而下的救济）等仁政主义仍然并存于世。在日本，儒学者的社会地位卑微，打破惯例、以儒学者的身份积极参与政治的，只有新井白石、熊泽蕃山等人。在朝鲜，武士绝不是士（读书人）。作为儒学者的士不能将学问活用于政治，这样的社会是很难理解的。

战国时代的日本是流动性很强的社会，为了阻止倒退回这样的时代，近世日本实际上采取了各种带有"武威"性质的措施。幕府严格实行身份制，将农民紧紧束缚在土地上；禁止拉帮结党，限制职业选择和旅行自由；严格管理和使用相当于户籍的"宗门人别改帐"，流民现象因此较难发生；制定严格的村规，类似于朝鲜五家统制的五人组有效地发挥了作用。直到1836年甲州骚动[7]以前，百姓一揆[8]都是极其守纪律、有秩序地进行的。密探和相互监视体系异常发达，人们的生活和文化被事无巨细地管制着，"格式"[9]统治着社会的方方面面。而且，幕府和各藩的行政机构是按照准战时动员体制组织起来的,可以立即转换为军事组织,因此这种行政机构呈现出某种"兵营国家"的形态。

总之,基于朱子学的仁政思想无论是在朝鲜还是在日本,都的的确确发挥着作用。只不过,在朝鲜它是统治的根本法则,在日本,它作为统治手段的色彩更为强烈。拥有根本法则的社会不会轻易改变自己,这使得两国在应对西方冲击的方式上存在巨大差异。

二、开国前夜的朝鲜

势道政治与王权

英祖和正祖采用荡平策[10],以期在党派人事上实现公平,缓和党争。这一政策使王权呈现出稳定迹象,实学思想和庶民文化也得到了发展。然而进入19世纪,年幼的纯祖(1800—1834年在位)即位,安东金氏[11]主导的势道政治拉开序幕,王权再次弱化。所谓"势道",原本称"世道",意为国王信任的人代行政权。受正祖托孤的金祖淳将女儿嫁给纯祖为妃,成为外戚,权势熏天,将出身同门的人安插在各个要职。在四色党派中,安东金氏属于老论，因此老论势力压倒其他各派。少论势力继之而起，而南人和北人的势力还很微弱。这种戚臣主导的权力政治就叫势道政治，后来还成为朝鲜政治的一大特色。继纯祖之后的宪宗（1834—1849年在位）时期，丰壤赵氏成为外戚，势道一度转移，但安东金氏权势仍在，直到哲宗（1849—1863年在位）时期仍可随意操控势道政治。

势道政治首先是一种门阀政治，权力过度集中势必会使卖官鬻爵之风盛行。这意味着朝鲜选择了一种腐败的政治，这种政治也可称为"贿赂政治"。其恶劣影响自然表现在了对民众的苛敛诛求上，民众因此饱受三政紊乱之苦。所谓三政，是指田政（田税等各项地税）、军政（原本是一种军役制度，后变为征收军布，带有向良民征收人头税的性质）、还政（原本是春季青黄不接时贷出米谷，秋收时附加一成利息收回的赈恤政策，后变为一种税制）。三政之外还有无名杂税，这些国政并不允许的商业课税令小商人叫苦不迭。虽然民众作为小农或小营业者得到了成长，但其发展方向并不稳定。在势道政治下，守令的权力有所增强，并与胥吏、两班土豪结成更为牢固的纽带。

洪景来叛乱

势道政治首先引起了被政权排除在外的两班的不满。1811

年，洪景来叛乱。叛乱于平安道嘉山爆发。叛乱者首先诛杀嘉山郡守，而后一举将势力扩张至平安道各地。叛乱是以没落的两班为中心发起的，他们打出打破地方歧视、打倒安东金氏的旗号。参加叛乱的还有乡任、胥吏等地方当权者和商人，无地农民、矿工、杂业者也被动员起来。这次叛乱显然是一场易姓革命，这种叛乱又称变乱。最终，叛乱遭到残酷镇压，近2 000人被斩首。

不过，洪景来仍然活着的传闻遍及各地，叛乱的火种并未熄灭。1813年，济州岛爆发带有独立色彩的起义。1815年和1817年，京畿道龙仁和全罗道全州两地发现有人模仿洪景来，密谋发动易姓革命。

壬戌民乱

在势道政权下，不以易姓革命为目标的民乱也时有发生。最大的民众反叛是1862年的壬戌民乱。当年2月，民乱于庆尚道的丹城和晋州爆发，后波及各地，蔓延庆尚道19邑、全罗道38邑、忠清道11邑，咸镜道、京畿道、黄海道各1邑。全国范围内仅被确认过的民乱发生地就高达71邑。壬戌民乱即这些民乱的总称。

民乱的主体是贫民和无地农民，他们推举当地有实力的士族为领导者，利用他们的德望使民乱向有利的方向发展。士族与民众之间虽然存在阶级矛盾，但当民众诉诸儒教民本主义逻辑，请求他们出任领导者时，士族也无法轻易拒绝。而且士族中也有人自荐出任领导者。朝鲜存在一种由当地德高望重之人主导的独特的秩序观，这种观念培养出的人民心性在乡村层面支撑着一君万民的理想。因此民乱发生时，士族与民众往往会融为一体。

壬戌民乱中，守令和乡吏、乡任等官吏是被攻击的主要对象。不过，由士族率领的民众有时虽然会诛杀几个乡吏之类的人物，但决不会杀害守令。这是因为，国王直接任命的守令相当于国王的分身，杀害守令将被视为易姓革命。守令最多也只是被放逐而已。民众匍匐在国王派遣的宣抚使、按核使（调查官）脚下，哀求国王实施仁政。可见，民乱也是有规矩、有纪律的。

这些本地士族和民众并不是在搞易姓革命，他们是想通过对国王的深切期待，来消解对势道政治历经半个多世纪的不满，因为只有国王才能抑制安东金氏等门阀以及地方官僚等中间势力的势头。人们对国王不切实际的期待突然高涨起来。

酿成社会不安

最让民众不安的无疑是对饥饿的恐惧。在势道政治下，赈恤功能迅速下降。18世纪，朝廷运往饥荒受灾地的粮食大约在

1万石至4万石左右。但是到了19世纪,赈济遭遇困境,救济饥民的任务被交给了地方,变为由地方官府拨款、富民协助的救济方式,而且富民协助的比重还在逐渐加大。

其间还发生了霍乱、伤寒、天花等瘟疫。整个朝鲜王朝后期,瘟疫接连不断,死者数万早已不是什么稀奇。特别是1821年至1822年,霍乱大肆蔓延,数十万人丧命。然而未等民众抚平伤痛,1859年至1860年再次爆发大型霍乱,民众置身于更加恐怖的地狱之中。为了应对瘟疫流行的局面,朝廷虽然向受灾地运送了药物,将患者收容在活人署(公营医院)中,但终究回天乏术,只能不断献上供品宣抚民心,举行疠祭抚慰鬼神,举行慰安祭慰安死者。

在社会动摇、怨声载道的背景下,讹言、挂书事件屡有发生。讹言即流言,挂书即张贴在城门、集市(每五天开一市)、村口等处的匿名帖。这种行为是对体制的批判,甚至有大胆之人直接投书官府。而这些行为往往会成为变乱或民乱的前兆。

流民也没有绝迹,他们有时会发展成盗贼。盗贼团伙称明火贼或火贼,通常以数十人为一伙,袭击对象主要是两班土豪、富民、集市等,有时地方官府以及地方运往中央的上纳钱也是被袭击的对象。原本这些盗贼带有半农半贼的性质,只在秋冬农闲时暂时性地出没于畿湖地区(京畿道、全罗道)。但是自1862年起,他们的活动开始呈现长期化、恒常化、广域化、全国化的趋势。

另一方面，势道政治下还出现了对外危机。西势东渐的波涛终于抵至朝鲜，不时有可疑船只出没，商船、军舰来航要求通商，天主教也在此时流行起来。对此，朝廷以辛酉邪狱（1801年，现在一般称"辛酉迫害"）、己亥邪狱（1839年，现在一般称"己亥迫害"）等弹压手段加以应对，但天主教仍在壮大，1857年时信徒达13 000人，1865年增至23 000人。另一方面，宗主国中国在鸦片战争后开始衰落。饱受太平天国之苦、在第二次鸦片战争中战败的中国终于在1860年走到了英法联军进入北京城的境地。这一消息传到汉城后，朝鲜感受到了来自西欧的强大威胁。人人都以为西欧势力将立即涌入朝鲜，因此纷纷停下生业，富民逃进山野避难，就连官员也逃到了乡下，局势一片混乱。

创建东学

时代被混沌的末世氛围所笼罩，而象征这一氛围的是《郑鉴录》中的信仰。这种信仰在18世纪中叶波及全国。它宣扬末世将在不久后到来，真人郑氏将取代李氏成为国王，拯救人民。所谓真人，即超人、救世主。洪景来叛乱也是假托于此。

然而，民众已经没有余裕等待真人的出现，于是东学诞生了。东学是出身没落两班的崔济愚于1860年5月在庆尚道庆州创立的。崔济愚整合了儒佛道，主张"天心即人心"，认为万人通过服仙药、诵读咒文就能轻松地"侍天主",即感应天灵。这其中包含了一神教中关于"天"的观念,以及神秘主义的天人合一思想。东学倡导人人都能成为君主、神仙,甚至真人,这体现了人人平等的逻辑。伴随着朝鲜社会身份制的解体,崔济愚利用与土俗信仰相结合的方式,一举将实学思想试图开拓的平等思想推向民间。更重要的是,东学具有民族主义性质。所谓东学,是与西学(天主教)相对抗的东方(朝鲜)之学。它宣称真人能够通过"剑舞"击退洋人,通过"后天开辟"的原理实现"地上天国"的愿望。

主张不必等待真人,自己就能成为真人的东学瞬间获得众多信徒。在朱子学至上的王朝政府看来,这是极其危险的教义。不久,东学被贴上异端的标签,崔济愚于1864年4月15日被冠以"左道惑民"的罪名遭处决。

其实,崔济愚非但没有否定儒教伦理,反而是在全面肯定的基础上要求民众遵守两班的规范,在承认两班价值的基础上,宣扬所有人都能成为两班。从这一层面来说,东学实际上是一种平等思想。崔济愚倡导"守心正气"的内省主义,并没有要求民众为了成为真人而进行变革实践。正因如此,他才对壬戌民乱采取了旁观态度。不过,东学信徒中的确有将自己定位为真人的异端宗教势力。不久之后也爆发了以这一势力为中心的大规模叛乱。

三、"征韩"思想的形成与明治维新

通信使外交的虚实

近世时,朝鲜和日本的外交被称为通信使外交。原则上,通信使每逢将军换代时访问日本,1607 年至 1811 年共访日 12 次(第 3 次之前称"回答兼刷还使")。经历了丰臣秀吉发动的万历朝鲜战争(朝鲜称"壬辰倭乱")之后,朝鲜与日本构筑起了睦邻外交时代。通信使一行大约 500 人,德川幕府将其视为将军一生仅有一次的盛事隆重接待。通信使来访是夸示将军权威的绝佳机会,因此幕府不惜筹措巨额费用,而且许多费用还是由沿途和西部大名以军役的名义承担的。在沿途各地,两国儒者进行文化交流,民众好奇地前来围观一生或许只能见到一次的外国人。通信使回国后,日本便会出现朝鲜热。通信使的"唐人行列"甚至还对他们不曾到过的地方的祭礼产生影响。在这些地方的祭礼中,通信使行列时的风貌被生动再现,时至今日仍有祭礼承其遗风。

但与睦邻外交正相反的,是日本对朝鲜带有蔑视色彩的认知。尽管互相承认了对等关系,但幕府却对内称通信使为朝贡使节,民众也如此相传。被课以军役的大名理所当然地把接待通信使的负担转嫁给了农民,不堪重负的农民因此时常发起百姓一揆。有人认为食肉的朝鲜人"不净",因此这一时期出现了不少充满偏见地描绘朝鲜人吃肉的绘画。1764年第11次通信使访日时,朝鲜使臣、都训导崔天宗被身为对马藩士的翻译杀害。朝鲜使臣与对马藩士的不和由此浮出水面。后来这一事件还被改编成了歌舞伎,对马藩士的正当性和悲剧命运甚至获得了民众的共鸣。

华夷思想的日朝比较

日本对朝鲜的认知中,存在一种可称为日本式华夷意识的优越意识。这种意识认为,日本是神国,在"武威"方面优于他国。原本的华夷意识归根结底是以文明意识为基础的,但日本更重视"武威"。按照这一观点,朝鲜无疑是"戎国"(西之蛮国)。

朝鲜方面与之相反,其华夷意识正如"华夷"二字。他们认为,因明清换代而华夷逆转的中国不再是"华"。朝鲜虽于1637年不得不在军事上屈服于女真族的清,向清进贡,即"事大",但这并不意味着文明的败北。在朝鲜的文明意识中,朝鲜虽小,却是当时世界上唯一的"华"。这种思想即所谓的小中华思想。如果以文明的尺度来衡量,日本终究是"东夷"(东之蛮人)。朝鲜向清屈服后不久便兴起了讨伐清的北伐思想,但这种"武威"最终也没能付诸实践。然而,小中华思想就如同时代主旋律一般,一直根深蒂固地贯穿在朝鲜的思想中,直至开国。

日朝间的华夷意识差异一直隐藏在通信使外交的外衣下,但19世纪后,通信使外交本身也发生了变质。与朝鲜的贸易出现停滞后,一手负责对朝外交的对马藩对朝鲜的蔑视立刻膨胀起来。幕府对朝鲜的蔑视也早已有之,再加上财政上的原因,幕府开始转变观念,认为邀请朝鲜通信使进入江户实属虚礼。于是,幕府决定易地接待,使通信使的来访止步于对马。1811年第12次通信使便依此接待,这也是通信使最后一次访日。其后朝鲜虽然依旧派遣译官使至对马,并将这种外交关系保持到了幕府末期,但幕府末期时的日朝关系已然开始出现裂痕。

"征韩"思想与"国体"

"征韩"思想并不是进入明治时期以后立刻抬头的。虽然有蔑视朝鲜的观念这一前提存在,但"征韩"思想却是从18世纪末期才逐渐形成的。林子平一直将朝鲜视为服属于日本的国家,但首先赤裸裸地宣称要侵略朝鲜的是佐藤信渊。他梦想首先进攻"满洲",然后进攻蒙古、朝鲜,最后侵略中国本土。为了与悄然而至的西方冲击相对抗,他极力鼓吹大陆扩张政策。这一策略为桥本左内、吉田松阴等人继承。特别是吉田松阴,他是提出近代日本扩张主义的重要人物。他说:"斩夺易取之朝鲜、满洲、支那,交易中失于鲁国(俄国)之所,应以土地于鲜满得以补偿。"(《致兄杉梅太郎》)他设想以朝鲜为起点进攻大陆,以补偿将来会被俄国侵夺的财富。在吉田松阴看来,朝鲜位于日本之下,是自古就应朝贡日本的国家。

吉田松阴使"征韩"论正当化的逻辑是"国体"论。在朱子学没有成为根本法则的近世日本,佛教、神道与儒教并存,拥有巨大力量,甚至连兰学(西方学问)也是被包容的。因此日本并不存在应该坚守的绝对的"道"。但是,为了对抗西方冲击的威胁,日本必须创造出某种加以护持的东西,这就是"国体"。

"国体"一词在水户藩士会泽正志斋所著的《新论》(1825年)中被首次定义。他在书中阐释了以三要素为机轴的国家性质,即天皇的一系统治、天皇与亿兆(万民)的亲密性以及亿兆自发的、难以抑制的奉公心。吉田松阴接受了这一理论。他从"国体"论立场出发,用独特的解释来解读《孟子》(《讲孟余话》),因此与长州藩大儒山县太华发生激烈争论。吉田松阴的立场是使"道"与"国"截然分离,并将"国"置于"道"之上。万世一系的天皇进行统治、亿兆绝对尽忠的"万邦无比"的"国体"思想由此诞生。此后,"国体"思想由其长州藩弟子广泛传播,并在明治宪法中作为近代日本的国家法则确立下来。

近代日本标榜一君万民思想,并颁布了《明治宪法》(1889年2月11日颁布,1890年11月29日施行)和《教育敕语》(1890年

10月30日颁布）。乍一看，此时的日本正在推行儒教化。然而说到底，儒教至多是一种统治手段，是护持国体的工具而已，它绝对不可能成为统治的根本法则。在这一点上，近代日本与近世日本殊无二致。

明治维新与朝鲜

向德川幕府具体提出"征韩"计划的是对马藩。已经陷入财政危机的对马藩陈述，当列强具体实施侵略时，朝鲜将第一个陷入危机，这时对马也将被祸，因此必须得到幕府的援助。"征韩"的言论也正是出于这一逻辑。对马藩表示，要想坚决攘夷，必须得到朝鲜的配合，不过即便施以"信义"，朝鲜也未必"服从"日本，这时就需要用"兵威"使朝鲜屈服。这一建议由对马藩家老（藩政重臣）大岛正朝提出，在其背后煽动的是吉田松阴的弟子木户孝允。

幕府接受了大岛的建议，一度同意援助对马，但这并不意味着已经敲定"征韩"之策，而且大岛也没有逼迫幕府"征韩"。可是，"征韩"论以一种意想不到的方式传到了朝鲜。1866年12月，一个名叫八户顺叔（当时滞留在香港）的人将幕府欲举兵"兴师"逼迫朝鲜朝贡的风闻告诉给了中国的报社。待清政府将这一消息传达给朝鲜时，朝鲜立刻通过对马诘问幕府。虽然幕府极力否认，称这是无稽之谈才平息了事态，但朝鲜对日本的不信任感进一步加深。

明治维新后，日本随之断绝了与朝鲜的外交关系。1869年1月31日（1868年阴历十二月十九日），新政府通过对马告知朝鲜，日本已实施王政复古，并在书契中单方面废除旧例，开始使用"皇""敕"之类的字眼。该文书等同于将朝鲜国王降格，将天皇置于上位，朝鲜当然拒绝接受这样的书契。至此，两国已在事实上断绝外交关系，近世时期虽充满坎坷、但一直努力构筑起来的睦邻关系就此切断。

问题不仅在于此。新政府确信朝鲜会拒绝接受书契，因此又派出了使节。在使节到达朝鲜之前，木户孝允就已经开始责难朝鲜此前一直没有向天皇朝贡实属"无礼"。他向岩仓具视建议，若朝鲜不服，则"伸张神州之威"（《木户日记》12月14日条）。可见，明治维新从一开始就蕴藏着侵略思想。

第二章 朝鲜开国

开港前夕的汉城 正面为景福宫

一、大院君政权

大院君政权的确立

朝鲜几乎在日本明治维新的同一时期发生了重大政治变动。随着国王高宗（1864—1907年在位）即位，兴宣大院君政权诞生了。

大院君是对国王生父的尊称，兴宣大院君即李昰应。安东金氏操纵的势道政治经壬戌民乱终于走向了崩溃。哲宗虽有四子，但都早夭，没有王世子。在这种情况下，指定新国王的大权委托了王室的最年长者，即纯祖之子孝明世子的妃子赵大妃（神贞王后）。虽然孝明世子尚未即位便去世，只得谥号翼宗，但拥有国王指定权的赵大妃却掌握了巨大权力。李昰应虽为王族，却已落魄，倍受安东金氏一族轻侮。实际上，李昰应也的确与市井无赖多有来往。但他野心勃勃,为了让次子命福(本名载晃)当上国王,他努力接近反感安东金氏的赵大妃,并成功得到了她的应允。时为1864年1月,命福年仅12岁。赵大妃垂帘听政三年后,将实权委托给了大院君。之后,大院君政权延续了10年。

打破门阀与情报政治

大院君的首要目标是打破势道政治,强化王权。为此他首先要打破安东金氏主导的门阀政治,以人本位的标准来选拔人才。虽然老论占优的政治体制没有被完全推翻,但进入官场的南人、北人明显增多了。基于王室即国家的政治理念,为了扩大王室全州李氏的势力,大院君努力推动宗室及璿派(李王家的各支)进入政界。另一方面,他还废止备边司,恢复原本的政务中心机构议政府的职能。起初,备边司只负责国防,万历朝鲜战争后开始行使政务职能。在国防方面,朝鲜王朝初期的三军府被复活,并转变为专事政府机构。大院君的这些措施是想使政军分离,加强各自功能。在军事方面,他试图通过中国引进西方的火器技术。

大院君对人才的任用反映了他在市井中的经历,就连来历不明之人也为其所用。这些人的专职工作是搜集情报和监视。

大院君

首先,大院君将亲自提拔的中人、胥吏派往中央和地方官府,加强对官僚的监视。然后将家差当成自己的触手,命其到市井中搜集情报。其中,千喜然、河靖一、张淳奎、安弼周四人最为著名,人称"千河张安",深得大院君信任。这四人的妹妹均成为尚宫(宫女),成了大院君在宫中的耳目。大院君还笼络宦官,全盘掌握宫中动静。他将小商贩中的褓负商(货郎)编入国家体制,设立褓负厅,通过该网络来揭发地方官和各地两班的不法行为。

剪除地方势力与税政改革

地方两班势力的最大据点是书院。书院本是慕先贤之德,切磋学问的崇文实践之所,是儒教国家朝鲜引以为豪的地方。然而书院后来逐渐变为本地士族集结朋党、搜刮民众和儒生酒宴之所。书院不仅享有免税特权,还单独向民众征收祭需钱(祭祀费用),屡屡借教化之名对民众动用私刑。因此,大院君以"若是有害于民者,纵使孔子再世,我亦不饶恕"(朴斋炯《近世朝鲜政鉴》)的坚定决心,于1865年4月24日撤废了老论的中枢万东庙,借此向书院施压。大院君不顾当地士族的强烈反对,只留下47所赐额书院(国王亲自题匾额的书院),其余全部于1871年5月7日撤废。另外大院君还对掠夺民众的士族予以严惩,没收其财产。

在税制改革方面,大院君首先丈量土地,重新清算量案(土地台账)中漏报的隐田以增加税收,对居中非法掠夺税收的地方官予以严惩,绝不宽容。为了杀鸡儆猴,大院君在钟路街头对贪官守令施以杖刑。据说自此以后,地方官横征暴敛的案例少了许多(黄玹《梅泉野录》)。此前只由良民承担的军布如今更名为户布或洞布,并以士族拥有家奴为由向士族征收。这一措施在朝鲜的身份制史上具有划时代的意义,因为军布是由军役转变而来的人头税,而不承担军役曾是士族的重要特权。在这样的税制改革下,国家财政飞速增长。

大院君与民众

本地士族对税制改革表达了强烈反对,但大院君仍然果断实施了改革。此外，大院君还改革、简化服制，缩小两班与良民的差异。后来的甲午农民战争最高领导者全琫准因此评论大院君是"废除我国自古以来两班常人制"之人（《东京朝日新闻》1895年3月5日载《东学党大巨魁及其口供》）。全琫准这样评论，无非是因为他看到了大院君改革中的民众性。当民众亲眼见证这场改革时，其"鼓舞褒赞之声几乎动地震天"（《近世朝鲜政鉴》）。

大院君的改革涉及方方面面，甚至还发展到了改革花柳界，严格区分官妓和娼女的地步。许多改革为士族所反感，但却受到了民众的欢迎。这从民众被动员的情况便可见一斑。

为了强化王权，大院君着手重建了万历朝鲜战争时焚毁的王权象征景福宫。这项工程需要以赋役的形式大规模动员民众，其中许多民众自发承担赋役。工程于1865年5月7日启动，不到20天就有36 000人被动员。大院君为了唤起民众的自发性使用了各种办法，如每天支付应役者一钱慰劳金，支给物品；为两班、良民无差别地提供住处；向率领应役者的各村领导人支付报奖金等。当工程需要拆迁房屋时，大院君还会严格审查，迅速支付补偿金。大院君让应役者举着写有"某地人子来赴役"的旗子，为了鼓舞士气，他组织起舞童队和农乐队，为应役者表演舞乐。汉城一时间笼罩在喧嚣之中，人们变苦为乐，积极劳动。大院君掌控民众的方法一方面具有迎合大众的特点，另一方面又带有儒教民本主义所特有的性质。

但是，景福宫的重建工程需要巨额资金。虽说只是重建，但仅仅依靠国家日常财政是无法完成的。为此,大院君根据贫富状况半强制性地募集愿纳钱,征收首尔都城门的门税。为了筹措资金,他还发行不到实价二十分之一的劣币当百钱。愿纳钱尤其引起两班和富民的怨嗟,再加上当百钱带来了通货膨胀,大院君政权的最大支柱——民众的生活也受到了威胁。景福宫重建工程最终成了大院君失势的重要原因之一。

二、大院君的攘夷政策

弹压天主教

在对外政策方面,大院君顽固坚持锁国攘夷政策。这首先表现在对天主教的弹压上。

1831年,罗马教廷将朝鲜教区从北京教区独立出来,使其从属于巴黎外方传教会。之后,法国传教士潜入朝鲜境内秘密传教。

1860年,英法联军进入北京城,朝鲜上下一片哗然。中国割让海参崴等地后,俄国便与朝鲜接壤了。从图们江一侧甚至可以看到对岸疾驰的哥萨克骑兵,俄国船只也开始出没此地。

终于，1864年4月，五名俄国人来到咸镜道庆兴要求通商。翌年12月，又有数十名俄国人到来。

在对外危机背景下，前官员、天主教徒南钟三向刚刚执政的大院君进言称，应与英法两国结盟，防御俄国南进。实际上，大院君之妻闵氏已经皈依天主教，甚至连高宗的乳母朴氏也受了洗礼。南钟三的上奏，正是基于与此二人熟识的天主教徒洪凤周的建议。大院君曾一度为南钟三的进言所动，打算会见法国传教士张敬一主教（Siméon-François Berneux）和安敦伊主教（Marie-Nicolas-Antoine Daveluy），但很快他改变了主意，决定镇压天主教徒。1866年2月镇压开始，九名法国传教士被处决，朝鲜信徒一说有近万人被处决。此次镇压成了朝鲜史上规模最大的宗教镇压事件，史称丙寅邪狱（现在一般称"丙寅迫害"）。

丙寅洋扰

不过有三名法国传教士躲过了逮捕，其中一人是神父李福明（Félix-Clair Ridel）。他逃到天津的法国公使馆请求救援，法国公使伯洛内（Henri de Bellonest）与远东法兰西舰队提督罗兹（Pierre-Gustave Roze）商议后决定远征朝鲜。伯洛内甚至还与清政府掌握重权的恭亲王谈及征服朝鲜之事，可见罗兹舰队的任务之重。罗兹先是在1866年9月率三艘军舰进行了火力侦察，而后于10月13日率七艘军舰出现在江华岛。第二天，法国陆战队开始登陆，于16日轻松占领汉城门户江华府，封锁汉江长达20余日，三南（全罗道、庆尚道、忠清道）至汉城的货船运输线路因此受阻，汉城局势愈发紧张。在对法国传教士被害一事进行问罪的同时，罗兹还计划用武力缔结通商条约。但是大院君没有屈服，他组织义勇兵和充满自信的猎人挑战法军。法军的死亡人数甚至一度超过了朝鲜兵。在26日的文殊山战斗中，朝方战死5人，法军死伤27人。在得到情报说留在朝鲜的两名法国传教士已自行逃脱后，罗兹舰队于11月11日从朝鲜撤退。

伯洛内征服朝鲜并非法国政府授意，甚至许多人牺牲后，法国仍无意出手朝鲜。可即便如此，罗兹舰队仍然抢走十八箱金银财宝和贵重书籍，烧毁江华城内外房屋，给朝鲜造成重大损失。

发生丙寅洋扰事件的1866年是多难之年。美国冒险商人普雷斯顿（W.B.Preston）乘坐武装船只舍门将军号(General Sherman)从中国天津出发，进入大同江。英国圣公会传教士托马斯（Robert Thomas）也在舍门将军号上，他的目的是通商和传教。8月，出现在大同江上的普雷斯顿一行溯大同江而上，将一名朝鲜士兵扣为人质。9月，平安道观察使朴珪寿下令火攻，烧毁舍门将军号，群情激愤的民众杀死普雷斯顿一行二十人。

辛未洋扰

紧接着 1868 年 5 月,普鲁士商人奥佩特(Ernst Jakob Oppert)与 1866 年从朝鲜逃脱的法国传教士权神父(Stanislas Féron)共谋盗掘大院君之父南延君坟墓。为了通商和传教,他们企图利用南延君的骸骨达到政治目的。由忠清道德山郡九万浦登陆的一行人虽然成功抵达南延君墓前,但因墓体坚固,一行人最终无功而返。其后奥佩特北上,现身永宗镇要求通商,但双方兵戎相见,奥佩特只好撤退,留下两具菲律宾船员的尸体。

险些被挖了祖坟的大院君愤怒至极,他加强防备,为进一步攘夷做准备。这次来挑衅的是美国,其目的是为舍门将军号事件问罪,以及继续要求缔结通商条约。驻华特命全权公使镂斐迪(Frederick F. Low)乘坐旗舰科罗拉多号(Colorado),率领罗杰斯(John Rodgers)海军少将指挥的军舰 5 艘、大炮 80 门、士兵 1 230 人,于 1871 年 5 月 23 日出现在京畿道南阳府。辛未洋扰自此拉开序幕。6 月 1 日,罗杰斯分派军舰由本土和江华岛海峡水路北上,朝鲜军队开炮,双方展开炮战。10 日至 11 日,美军派陆战队逐次占领朝方炮台,但在占领最后一个炮台广城堡时,双方发生激战。镇抚中军鱼在渊指挥朝军,与炮火占绝对优势的美军展开白刃战,美军战死 3 人,负伤 10 人。

朝军方面,包括指挥官鱼在渊在内死亡 53 人,负伤 24 人。而据美方记载,朝军战死、溺亡共计 400 余人。准确数字虽不可知,但这的确是场恶战。无论是镂斐迪公使还是罗杰斯少将,都没有想到会是这样的结果。他们来到朝鲜打算复制佩里提督远征日本的故事,却没想到遭到朝方如此猛烈的抵抗。美国舰队只好撤退,于7月3日离开了朝鲜。

强烈的卫正斥邪思想

广城堡战斗后,大院君在汉城钟路和全国各城市树立斥和碑,碑上题写:"洋夷侵犯,非战则和,主和卖国,戒我万年子孙。"与日本相比,朝鲜的攘夷精神意味颇深。日本方面,萨摩和长州分别在萨英战争(1863年)和四国舰队下关炮击事件(1864年)中轻易屈服,这与朝鲜方面形成鲜明对比。朝鲜自负崇文之国,日本自负威武之国,但前者却表现出了后者无法匹敌的抵抗精神,这与两国的文明意识差异有很大关系。

支撑大院君锁国攘夷政策的是卫正斥邪思想。大院君启用著名朱子学者讲述政策,其中奇正镇、李恒老两人颇为著名。丙寅洋扰时,两人曾分别上疏。奇正镇认为,西欧欲使朝鲜沦为禽兽之国,因此应坚决拒斥"洋物"。李恒老也主张拒斥"洋物",并竭力倡导主战论。他提出,遵守圣贤之"道"是超越"国"之存亡的绝对的行为,强烈主张誓死保卫儒教文明。这说明,对"道"的实践是朝鲜王朝在现实中的可贵之处,如果放

大院君树立的斥和碑（1871），锁国政策的象征

弃这一实践，那么朝鲜王朝的意义也不复存在。

这种思想与日本的"国体"思想完全不同。在日本，"国体"思想的抬头使得"国"被绝对化，"道"也因此具有了双重意义，能够轻易地转向西欧化。对西欧的顽强抵抗只能带来亡"国"的命运，因此一旦认识到不敌西欧，尊王攘夷论便立刻转变为开国论。而朝鲜认为，即使亡"国"，也要殉"道"，这才是守卫人伦的行为。这一点既是以儒教为根本法则的朝鲜的现实，又是使其可以顽强抵抗法美的原因。

三、《江华条约》的缔结

闵氏政权的建立

高宗之妃出身大院君夫人的娘家闵氏。闵妃(后之明成皇后)为闵致禄之女,闵致禄的继嗣、养子闵升镐是大院君夫人的亲弟弟。由于骊兴闵氏权势很弱,因此唯恐安东金氏东山再起、重振势道政治的大院君计划扶植闵氏。然而这是一次重大失算。聪明且善于权谋、对权力有巨大欲望的闵妃联合闵氏戚族,计划搬倒大院君。同时,大院君与高宗的父子关系也绝非圆满,长大成人的高宗渴望亲政。

为闵妃和闵氏族亲所利用的是李恒老的高徒崔益铉,这是因为崔益铉曾于1873年12月14日上疏,旗帜鲜明地反对大院君。闵妃授意高宗大力提拔崔益铉为户曹参判。当月22日,崔益铉不惜辞职再次上疏,批评大院君参与国政,要求其下野。由于这一次的批判过于激烈,崔益铉被流放济州岛。不过以这次上疏为契机,闵氏及闵氏家族成功搬倒了大院君,高宗也于1873年12月24日面对现任和前任大臣,宣布庶政亲裁。大院君不得不隐栖。

新政权首先革新议政府,任命有实力的政治家李裕元为领议政、开国派的朴珪寿为右议政,任命大院君的兄长、但二人关系并不融洽的李最应为左议政（后为领议政）。门第脆弱的闵氏家族首先只能以这些人物为后盾，实权则掌握在兵曹判书闵升镐手中，新的势道政治由此开启。然而一年后的1875年1月5日，闵升镐全家被炸死。究竟是大院君所为，还是闵氏家族内讧所致，真凶已无法查明，不过闵氏主导的势道政治并未因此动摇。

新政权首先复活了万东庙，全面否定大院君政策，尤其是攘夷政策已到了非变不可的地步。儒学训导安东晙曾以大院君家臣的立场，在双方外事接触阶段便拒绝了明治新政府的书契。而新政权则以安东晙阻碍日朝交涉为由将其拿问，处以枭首。负责监督安东晙的东莱府使郑显德以及庆尚道观察使金世镐也被替换。

卫正斥邪思想虽然在以儒教为根本法则的朝鲜拥有巨大影响力，但也未必不可撼动。此时的朝鲜已经开始摸索新的现实路线。

明治新政府与"征韩"论争

1871年11月12日，日本向欧美派出岩仓使节团。与此同时，留守政府进行了一系列近代化改革，如废除身份制、实行征兵制、颁布学制、采用太阳历等。新政府还在外交方面积极运作，于1872年9月接收了曾由对马藩管辖的草梁倭馆，改为大日本公馆，并于翌年4月委派外务省七等出仕广津弘信上任。朝鲜政府因日本单方面废除先例而备受打击，日朝关系因此变得前所未有的紧张。这也是"征韩"论争的导火索。

为了打开局面，留守政府于同年8月17日决定派遣西乡隆盛赴朝。西乡隆盛认为，自己作为使节踏上朝鲜一定会被"暴杀"，因此应以此为名而举"征韩"之师。这就是西乡隆盛被称为"征韩"急先锋的由来。但实际上，西乡只希望自己能够完成一名和平的遣韩使所应完成的任务而已，所谓"暴杀"云云，不过是为了说服狂热的"征韩"论者板垣退助的托词罢了。

真相虽已无法探明，但不管怎么说，这场论争使留守政府要人与归国的岩仓使节团要人之间关系紧张。前者被认为是"征韩"派，而后者被认为是内治派。最终，"征韩"派失败，于10月24日至25日一齐下野。不过，两派的对立实质上只是力量失衡引发的权力斗争而已，使节团一派忌惮留守政府取得显著成绩后，已方在政府中的存在感会被削弱。在主张"征韩"这一点上，两派并没有分歧。"征韩"论原本就是内治派的木户孝允在幕府末期大力倡导的，而在"征韩"论中胜出、担任内务卿而掌握大权的大久保利通也对朝鲜采取了强硬路线。

首先，日本政府于1874年5月出兵台湾。同年8月，清政府听到风声，台湾事件一旦解决，日本将立刻出兵朝鲜。朝鲜政府于是在同年9月3日撤换安东晙，任命玄昔运为倭学训导，与广津弘信的上司、6月到达旧倭馆上任的日本外务省六等出仕森山茂举行正式会谈。闵氏政权已经开始向开国论倾斜。

江华岛事件

但是,日本方面完全没有改变书契形式,替换"皇""敕"等字眼的想法,而且森山茂还一反先例,固执地穿上了西式大礼服。谈判因此陷入僵局。森山茂派广津弘信返回东京请求派遣军舰威压朝鲜,以图在锁国派尚未起势之前,使谈判迅速朝对己方有利的方向发展。1875年5月25日,井上良馨少佐率领云扬号驶往釜山。玄昔运诘问军舰为何突然到来,而井上良馨则让玄昔运及其18名随员登舰参观,利用这一大好时机,与晚到的第二丁卯号一齐进行炮击演习,震慑釜山官民。不过,朝方仍然拘泥于书契的形式,谈判没有任何进展。森山茂最终于9月20日离开公馆,于翌日踏上归国之途。

不过,这一天还发生了一件大事,即江华岛事件。9月20日,云扬号以测量航路为名再次驶向朝鲜,现身江华岛。舰长井上良馨试图乘坐小艇靠近草芝镇。遭到炮击后,井上良馨立刻返回了云扬号。第二天,云扬号进攻草芝镇,烧毁炮台。22日,云扬号继续南下,占领永宗岛,杀害朝鲜军民35人,烧毁官衙、民房,掠获大小炮等武器为战利品。28日,云扬号返回长崎。

一种说法是,云扬号欲求饮用水而驶往草芝镇,却不料突然遭袭。这种说法纯属捏造。云扬号靠近江华岛明显违反了《万国公法》,即国际法。如果真的是补给饮用水,《万国公法》也会视情况予以认可。但云扬号一开始便向朝军挑衅,期待朝军

云扬号 1875年9月进攻江华岛，肆意掠夺

反击，并以此为由侵犯朝方领海。这场配合森山茂离开公馆而进行的军事行动赤裸裸地展现了日本的野心。井上良馨还曾在云扬号事件之前向海军中央报告称，应先于他国"我有"朝鲜。

江华岛谈判

日本政府以江华岛事件为绝佳口实，计划一举恢复与朝鲜的邦交关系。日本政府的如意算盘是，不承认云扬号之过，反过来责难朝方之过，以此缔结条约。日本政府任命黑田清隆为全权大使、井上馨为副使前往朝鲜。在此之前，美国驻日公使平安（J.A.Bingham）表达了对此事的理解，并赠与井上馨《佩里远征日本小史》一书。日本政府还将陆军卿山县有朋派往下关，摆出若谈判未果，将随时出兵朝鲜的态势。

1876年2月10日，黑田等人率6艘军舰出现在江华岛，号称兵员4 000。这完全是一场重演佩里故伎的威压外交。会谈从翌日开始，朝方接见大官申櫶与副官尹滋承对《万国公法》一无所知，也不知条约为何物。

攘夷？开国？

卫正斥邪派对这样的缔约谈判大为不满。最愤怒的要属大院君和崔益铉。大院君致信申櫶加以告诫，同时责难政府大臣的软弱外交。大院君虽然下野，但仍能对政府要人发挥影响力。大院君甚至在信中提到，自己已做好殉国的准备。前一年刚被解除发配令的崔益铉于2月17日率50名同志持斧伏阁上疏（在王城门上疏）。持斧上疏的意思是，如果不接受上疏，就请砍下我的头颅。这种行为彰显的是"士"非同一般的决心。崔益铉甚至在上疏中说，那些主张"倭洋一体"，实施"主和卖国"的人应该被处以极刑。两人虽然曾是敌对关系，但在对外政策上却是一致的。崔益铉因此被再度问罪，流放全罗道黑山岛。

另一方面，开国派势力不断增强。主张自主开国论的朴珪寿是开国派的急先锋。他是实学家朴趾源的孙子，不仅开明，而且还有两次作为使节出使中国的经历，熟谙世界大势。虽然在江华岛事件的前一年，朴珪寿已经从右议政的位子上退了下来，但他仍然担任判中枢府事，列席重臣会议，在政府中举足轻重。另外，以李最应为首的反大院君派也在消极地支持开国论。与清朝洋务派巨头李鸿章有书信往来、受其启发的李裕元也倾向于开国论。虽然包括朴珪寿在内的所有人都对日本的威压外交感到愤慨，但庙议（国王亲临的重要国政最高会议）时，大多数人又认为开国实属不得已。

《江华条约》

这样一来，高宗便决意与日本缔结条约。但是，不懂《万国公法》的朝方只能被日本牵着鼻子走。最终，条约以日本提出的方案为主，朝方只在礼仪方面略作修改，于2月26日签署条约。此即《江华条约》（日称《日韩修好条约》）。同年8月24日，双方又签署了《江华条约附录》《通商暂定协约》《附属于修好条规附录的往复文书》等。

这些条约中最重要的一点在于，《江华条约》第一款明确写道："朝鲜国为自主之邦"。这样一来，中国对朝鲜的宗主权便被否定，日本能够顺利进入朝鲜。还有一点很重要，那就是条约规定了日本的治外法权，否定了朝鲜的关税自主权。这意味着欧美各国与日本签订的不平等条约同样适用于朝鲜。以上条款还不是最严苛的。朝鲜不但关税自主权被否定，还被迫对日实施零关税，日本货币有权在朝鲜流通。除此之外，日本还获得了米谷贸易的自由、港口周边四公里内的内地通行权、朝鲜沿岸的测量权以及开放除釜山外的元山、仁川港等权利和利益。朝鲜就这样被纳入到了世界资本主义的体制中。

但是，朝鲜明确表示不会与日本以外的其他国家缔结条约。在朝鲜的认知中，《江华条约》的缔结是近世外交修复的结果。由于在近世的倭馆外交中，朝鲜已经承认了对马藩的治外法权等权利，因此朝鲜完全没有意识到有何不平等。虽然也很痛苦，但完全可以说，朝鲜"被迫签订条约"的意识还很淡薄。朝鲜和世界的距离由此可见一斑。

日本的舆论

自打有了"征韩"论争，"征韩"论便成了日本街谈巷议的焦点。不仅是那些愤懑不平的士族，就连商人之间也掀起了一股讨论"征韩"的风潮。这段时期发生的江华岛事件使国内舆论分成了"征韩"派和非"征韩"派。即使在自由民权运动阵营内部也是如此。一开始，民权派还会追究日本军舰侵犯朝鲜领海的责任。但是1875年10月3日,当民权派听到太政官关于朝方开炮,日本不得已才还击的说明后,立刻便在"征韩"问题上分成了两派。《东京曙新闻》《横滨每日新闻》等报支持"征韩",《朝野新闻》《邮便报知新闻》等报反对"征韩"。

但是,争论的焦点并不在于"征韩"本身是否符合道义,只在于"征韩"是否对防止士族叛乱有效。后者认为,"征韩"反而会使士族势力壮大。但无论哪一方,在对待江华岛事件打开邦交之路,进而缔结条约这一点上,民权派还是表示了一致的赞扬。虽然人们也意识到了日本缔结条约的手段与佩里没什么差别,但并没有人去追问这样做是否违法。"欢迎在近代文明中领先的日本领导朝鲜",这一论调在当时是非常引人关注的。

自明治初年起,日本不断宣扬亚洲主义。特别是在与政府针锋相对的自由民权运动阵营中,"民权论"被与"亚洲连带"的概念联系在了一起。其中还隐约可见国权论[12]的影子,并时常伴随着一种强烈的傲慢意识,即认为在近代文明中领先的日本是亚洲的领导国家。

第三章 开国与壬午兵变

描绘壬午兵变的锦绘（小林清亲《朝鲜大战争之图》1882 年 8 月）

一、开化与斥邪

修信使访日

1876年5月,修信使金绮秀被派往日本。修信使虽是受日本邀请赴日的,但他们同时又肩负着搜集新日本情报、了解军事技术等重要任务。近世的通信使每逢将军换代之际赴日,而此时的使节与以往性质不同,因此被称为修信使。修信使一行人员不多,大约在80人左右。但是在意识观念方面,他们与通信使别无二致,令旗手、音乐队等仪仗随员就有30多人。修信使一行在5月23日至6月19日期间参观访问了日本。

朝鲜使节到达东京(江户)时距离第11次通信使已过百年。沿途人山人海、热闹非凡。不过人们不是去欢迎朝鲜使节的,而是抱着侮蔑的好奇心来一睹朝鲜的新奇风俗。当修信使一行以过时的队列缓慢行进时，人们指指点点，哄笑不止。虽然近世的日本民众也有侮蔑朝鲜的意识存在，但更多的是一种足以引起朝鲜热的类似于憧憬的情感。然而明治以后，侮蔑的观念陡然上升。在文明开化的进程中，自诩近代文明人的优越感已经开始支配日本人，至少是"江户爷们儿"[13]的心性了。可见，傲慢的形象不仅表现在政府和那些知识分子的身上。

到达横滨的修信使一行（《伦敦新闻画报》1876.8.26）

与民众的反应形成对比的，是充分展现健全性的民权派。例如《大阪日报》（1876年6月9日刊）对这些民众表达了失望，

"可叹日本人民之野蛮,朝鲜犹不及也";《近时评论》(1876年6月16日刊)也不认同民众的思想,"独自仰天咽下浩叹之声而痛哭"。但是,日本对朝鲜的优越感依然根深蒂固。如非"征韩"派的《邮便报知新闻》(1876年5月31日刊)毫不掩饰自己的优越感,称"颇有愉悦心意者",并将如今日本之于朝鲜的地位比作20年前美国之于日本的地位。

其实,民众当中也有许多单纯朴素的人,即便提到朝鲜也不甚了了,只会联想到那些卖糖果的人。不过,这些人也很快被"文明开化"的洪流荡涤而去了。

第二次修信使金弘集与《朝鲜策略》

目睹了日本文明开化的金绮秀一行惊讶不已。但是他们并不关心近代的学问和知识。对于他们来说,文明开化未必值得肯定。金绮秀虽然承认日本"富强",但他也看到了日本物价昂贵、大量发行纸币的情况,因此他认为日本表面"莫富莫强",但"细观其制,仍不能说是长久之术"(《日东记游》,收录于《修信使记录》)。

金绮秀的重要任务是考察日本现状,但他并没有圆满完成任务。因此有人提出再度派遣修信使。这次被任命为修信使的是金弘集。金弘集一行于1880年7月31日从釜山出发,9月8日回国。其间,他们与日本政府要人进行了会谈,考察了日本政府机关，调查了各项制度。其中尤为重要的是金弘集一行还与中国驻日公使何如璋进行了会谈。何如璋向金弘集说明了俄国的威胁以及与欧美各国缔结邦交和"自强"的重要性。他说《万国公法》中存在"均势"这一思维逻辑，因此应该向世界打开大门。也是在这时，金弘集收到了中国驻日公使馆参赞黄遵宪执笔的《朝鲜策略》一书。其中写道："朝鲜今日之急务，莫急于防俄。防俄之策如之何？曰：亲中国、结日本、联美国，以图自强而已。"

开化派的形成

金弘集访日时曾偶遇僧侣李东仁。李东仁当时受金玉均之命秘密前往日本。金玉均是后来发动甲申政变的开化派巨头，也是开国派朴珪寿的弟子。

朴珪寿从右议政的位子上退下来之后，将金允植、金玉均、朴泳教、朴泳孝、洪英植、徐光范、俞吉濬等才俊召集到汉城自家宅中，讲读祖父朴趾源的文集《燕岩集》，同时就世界大势、西欧思想等问题阐述自己的见解。朴珪寿倡导的平等思想一下子抓住了年青人的心，金弘集甚至把家搬到了朴府附近。在这些人当中，与金弘集有总角之交的金玉均表现出了优异的行动力。他与中人出身的译官吴庆锡、医生刘大致有过接触，受到二人的影响。吴庆锡曾作为朴珪寿的随员前往中国，同为中人出身的刘大致是吴庆锡的友人。曾和朴珪寿一起在中国大长见识的吴庆锡买回很多汉译西欧书籍给刘大致看，而后两人又将这些书籍送给了金玉均。刘大致和金玉均都对佛教感兴趣，而这也正是两人的机缘。当时金玉均虚岁年仅二十（1870年）。

在以儒教为根本法则的朝鲜王朝时代，佛教受到排斥，寺院被赶到了山里，僧侣被视为贱民。可没想到的是，以实学为根基、包容西欧思想的朝鲜开化思想竟然以佛教为触媒，自发地萌芽和发展起来。

李东仁与日本

开化思想早在江华岛事件之前就已经萌芽了，而江华岛事件只是加速了这一进程。吴庆锡是申櫶和尹滋承手下的译官，曾参与与日本的条约谈判。他向金玉均介绍了日本的情况，提出当下要务是考察日本。于是，金玉均委托汉城近郊奉元寺的李东仁前往日本考察。金玉均是通过刘大致的介绍认识李东仁的。《江华条约》缔结后，本愿寺（日本佛教净土真宗本院寺派的总寺院）立刻进驻朝鲜。李东仁当时正是通过本愿寺的釜山别院来研究世界形势的。日本之行也是李东仁所渴望的。他非常感激担任弘文馆校理的金玉均能够平等地会见身为贱民的自己，因此爽快地答应了下来。旅费和资金由金玉均筹措，为此他卖掉了自己的一部分财产。

李东仁于1879年6月进入京都本愿寺，翌年4月来到东京本愿寺下属的浅草别院学习日语，同时对日本进行研究。当时他与福泽谕吉有过接触，这是开化派与福泽谕吉的初次相会。金弘集对李东仁能与如此通晓日本的人物相遇感到惊喜万分。他促请李东仁回国，为近代化改革效力。

改革与斥邪上疏

金弘集和李东仁的报告进一步推动了改革的势头。政府于1881年1月19日撤销三军府，改设统理机务衙门，由事大、交邻、军务、边政（侦察邻国）、讥沿（往来船泊检查）、通商、理用（财务）、机械、军物、船舰、典选（人才物资调配）、语学（外书翻译）等十二司组成，是军国机务的最高机构。新衙门的首席称总理大臣，由领议政李最应担任。虽说这是模仿中国的总理衙门设置的，但它的确是朝鲜跨入近代世界体系的一个布局。

在军制改革方面，朝鲜听从日本的劝告，于同年5月设立由80余人组成的新式军队"别技军"。在驻朝办理公使花房义质的推荐下，公使馆的陆军工兵少尉堀本礼造担任教官，修信使金弘集的随行人员尹雄烈担任指挥。1882年2月，朝鲜又将此前的五军营精简整合为武卫营、壮御营两个营。

另一方面，金弘集拿回国内的《朝鲜策略》并未掀起太大波澜，也没有促成更大的改革。《朝鲜策略》探讨的是国家大事，因此被广泛传播，卫正斥邪派不可能对此视而不见。果然1881年3月25日，以庆尚道礼安儒生李晚孙为首的"岭南万人疏"事件爆发，众人在谴责金弘集拿回《朝鲜策略》的同时，还责难黄遵宪是"日本的说客"。其后斥邪上疏不断，至5月仍有来自庆尚道、京畿道、忠清道的上疏。对此，政府采取了严厉的应对措施，流放了言辞激烈者。然而，当政府意识到这些人是以决死的信心上疏时，政府又于5月15日发布斥邪纶音（国王讲话）安抚众人。

不过，这一时期也有主张开化的上疏，代表人物是司宪府前掌令郭基洛。1881年7月，郭基洛上疏批判卫正斥邪派，主张不应禁止与日本通商和学习洋学，反而应该为了国家引进西欧的器械和技术。但在斥邪上疏面前，这样的声音是很微弱的。

李载先事件

斥邪上疏到了8月仍未停止。来自京畿道、江原道、忠清道、全罗道的儒生接连组织伏阁上疏，其中江原道洪在鹤的上疏最为激烈。他公然诽谤政府大臣，称朝鲜主和的邪说正在政府中蔓延。洪在鹤因此被处以凌迟，时年33岁。李恒老的弟子金平默也因唆使洪在鹤而被处以流刑。实际上执笔上疏的正是金平默。

在这一时期，被迫引退的大院君恢复了元气。为了让自己的庶子李载先当上国王，他命心腹安骥永、权鼎镐等人策划政变。一开始，大院君计划大规模募兵，但进展不顺，遂决定于1881年9月13日举事。大院君原计划在当日举行的科举考试中呼吁应试者斥邪，拥入宫中废掉高宗，处置闵妃。但举事未能实现。一周后的9月20日，计划因告密而败露。安骥永和权鼎镐被处以凌迟，李载先被命自裁。

二、第二次开国

派遣领选使

李鸿章通过与李裕元的私人书信来往，屡屡劝说朝鲜向欧美各国开国。朝鲜政府于是决定在李鸿章的斡旋下，与美国缔结修好通商条约。担负条约谈判重任的是朴珪寿的弟子金允植。担任领选使的金允植率38名以学习制造近代武器为目的的留学生,于1881年11月17日前往李鸿章所在的天津。但是,学习制造近代武器只是表面差事,更重要的是与美国缔结修好通商条约。朝鲜政府之所以如此小心谨慎,是因为国内卫正斥邪派势力正盛,且很有可能阻挠谈判。而此时接到美国政府命令的海军提督薛斐尔(Robert Wilson Shufeldt)正在天津等待着他们。

是否将中国的宗主权写入条文成了谈判的最大争议。李鸿章拘泥于"属邦"规定,金允植也无意冒犯李鸿章而反对这一规定。这是因为李鸿章与金允植的共识是,朝鲜虽是中国"属邦",但在内政外交方面都是"自主"的。李鸿章在逻辑上彻底否定了近代西欧式的属国统治方式,他想维护的是传统的宗属关系框架。当然这是有现实意义的,即牵制日本、俄国等国。另一方面,金允植想在朝贡体制与条约体制均衡共存的前提下,构筑朝鲜的小国自立之路。这是一种双重体制的自立构想。对于朝鲜来说,这既不背离传统的"事大之义",又不违背现实的世界趋势,因此可谓"两得"。

但薛斐尔并不认同这一构想。最终,"属邦"规定没有被纳入条文之中,而是与《江华条约》一样,写明朝鲜是自主国家。由于《朝美修好通商条约》中设有关税条款,因此朝鲜与日本的零关税规定自动废止。但是《朝美修好通商条约》同样设有治外法权条款,因此该条约无疑也是不平等的。1882年5月22日,双方移至仁川,正式签署条约。

诸条约的缔结

可以说从这一天开始，朝鲜正式向近代世界打开了国门。这样说是因为，对于朝鲜而言，此前与日本缔结的条约只能算是修复近世外交的结果。至1886年，朝鲜相继与中、英、德、意、俄、法等国缔结条约。其中，1882年10月4日与中国缔结的《中朝商民水陆贸易章程》明文规定了中国的宗主权："朝鲜久列藩封。"这与欧美没有"属邦"规定的条约是相矛盾的。朝鲜被置于双重体制之下即体现于此。

缔结于1886年6月的《朝法修好通商条约》在事实上承认了传教的自由。法国传教士曾在丙寅邪狱后秘密潜入朝鲜进行传教，并得到了闵氏政权的默许。为了进一步使默许成为既成事实，法国在条文中编入"教诲"二字，并将其解释为事实上对传教的承认。此后，基督教的传教活动更加活跃。

朝士视察团

开国政策正在稳步进行中。为了详细考察日本的文化事业和制度，朝鲜政府在派遣领选使之前先行派出朝士视察团（绅士游览团）访问日本。这一决定很大程度上是李东仁推动的。然而，本打算在1881年3月先于朝士视察团赴日的李东仁在临行前被人暗杀。

朝士视察团包括朴定阳、赵准永、严世永、姜文馨、闵种默、李宪永、鱼允中、洪英植等12名朝士、27名随员以及其他成员23人。视察团对内密称东莱府暗行御史,这是因为此时与派遣领选使时的情况一样,攘夷风暴仍然猛烈,还不具备公开考察日本的环境。一行人于1881年5月24日到达东京,一直考察至8月8日。成员各自分工,分别考察了日本文部、内务、农商务、大藏(负责财政、通货、金融等)、司法、外务各省以及海关、陆军等部门。他们还去了横滨、大阪、京都、神户、长崎等地,详细考察了日本的政治、产业、军事、教育、文化等方面。其间,一行人见到了日本政府首脑以及福泽谕吉等知名人士。也是在这时,随员中的俞吉濬和柳定秀前往庆应义塾留学,尹致昊前往同人社留学。这是朝鲜的第一批留学生。

朝士的日本观与金玉均

朝士视察团的性质与日本明治时期的岩仓使节团类似。由于没有充足的资金和时间直接前往欧美,朝鲜选择了最为划算的日本。朝士各自书写了报告,但报告内容与抱着强烈意愿学习西欧的岩仓使节团大相径庭。朝士们虽然承认日本完成了"富国强兵",但他们认为,产业化推进的过程中所累积的国债正在蚕食日本的国家财政。朝士们并没有对明治维新给予充分的肯定。

视察团中的鱼允中最为开明,他给予了明治维新最高的评价。但即便是鱼允中,也明显囿于小国主义思维,没有放开手脚充分肯定明治维新。他认为,如果小国朝鲜以西欧大国为榜样,"只能劳民伤财",所以他更关注比利时、瑞士等小国(《随闻录》,收录于《鱼允中全集》),尤其在军事构想方面特别关注瑞士,倡导全民皆兵。这种"民兵构想"与通常的常备军构想有所不同。这一点也反映了朝鲜传统的民本主义思想,即不应因军事而给民众增加负担。

1881年是开化派加紧考察日本的一年。金玉均从李东仁、鱼允中等人那里听到了很多关于日本和福泽谕吉的事。终于在这一年的12月末,金玉均受王命,与徐光范一同赴日考察。他们有条不紊地参观了长崎、京都、大阪等地,于3月6日进入东京。在东京,他们考察了各项近代文化事业,与福泽谕吉、后藤象二郎、井上馨、大隈重信、伊藤博文等政治家进行了会面。金玉均梦想着朝鲜能以日本为样板实现近代化和大国化,他曾对同志们说:"如果日本是东方的英吉利,那么我国就是亚细亚的法兰西!"(徐载弼《回顾甲申政变》)虽然同为开化派,但金玉均与小国主义思维的金允植、鱼允中等人略有不同。

三、壬午兵变与日本

开港的影响

虽说朝鲜是小农社会,但饥馑、剥削以及商品货币经济的发展总是让朝鲜社会蕴藏着农民阶层分化的危机。一方面,被称为饶户、富民阶层的地主和富农诞生了。另一方面,更多的农民只能得到极少的土地,而且还常常朝不保夕。特别是难以抵御商品货币经济洪流的贫农,由于急需现金,他们不得不在米价低廉时抛售米谷。而地主和富农则相反,他们有余力在米价高腾时卖出大米。当朝鲜开港、与日本进行米谷贸易时,农村的弊病就显现了出来。虽说1890年以前的贸易量不是很大,但米谷贸易的投机性不断增强,贫农深受其苦。

因此,朝鲜民众对日本的情感是波动不稳的。实际上,日本人在开港地的行为举止的确极其傲慢。为了求得暴利,他们在商品交易中使用暴力威吓朝鲜商人,无需讨价还价就可以以低价买进商品,再将劣质品连蒙带骗地卖给朝鲜商人。这类事件随处可见,暴力事件也因此频繁发生。朝鲜商人只能忍气吞声,因为治外法权会无条件地保护日本商人。这时的日本商人多是梦想着一攫千金的冒险家,他们肆意妄为,甚至拉帮结伙冲进官府,就连长期与朝鲜保持友好关系的对马商人也没什么不同。

近世的睦邻关系已化为乌有。有的日本人只缠着兜裆布，露出大腿，有的还会在女子面前小便。这样的行为无疑会在儒教规范和文化上招致朝鲜人的反感。

爆发兵变

在民众日益贫困、反日情绪逐渐高涨的过程中，壬午兵变爆发，首都汉城陷入激荡。民众对于闵氏政权的憎恶在很大程度推动了这场叛乱的发生。闵氏政权诞生后，国家经费被滥用，卖官鬻爵之风再度兴盛，大院君时代有所缓和的横征暴敛再次横行。闵氏重用巫堂（巫师、萨满）和占卜之辈，为祈祷和占卜花费巨额褒奖金。国家财政因此越发困窘。

政府给军队的实物配给迟发13个月之久，这一事件是引发壬午兵变的直接祸端。1882年7月19日，军队终于领到了几个月的米谷，但里面掺杂着碎米、腐米和沙子，实际量只有应发量的一半，其他米谷都被管理仓库的宣惠厅仓吏私吞了。隶属武卫营、原训练都监出身的军卒怒不可遏，与仓吏、营官打斗起来，杀死其中一名仓吏。宣惠厅堂上闵谦镐接到报告后，下令抓捕主犯金春永、柳卜万等人。金春永之父金长孙、柳卜万之弟柳春万不能坐视不管。为了搭救二人，他们制作通文（轮流阅读的状子）进行示威动员。住在城门外的往十里、梨泰院的贫民以及许多汉城市民群起响应。许多军卒一方面是住在汉城近郊的雇佣兵，另一方面又是种菜、做点小生意、做泥瓦工和搬运工的半兵半农（或半兵半商、半兵半工）的城市贫民，也是凶年时被赈恤的对象。愤怒的军民得到武卫营大将李景夏的指示，于23日奔向闵谦镐私邸，得知其不在家后将其私邸捣毁。

这些人自然难逃处罚，于是他们奔向大院君的私邸云岘宫，向大院君求救。在得到指示后，他们烧毁日本公使馆，杀死别技军教官堀本礼造。花房义质等公使馆人员虽在翌日逃离汉城，但到达仁川时仍有6人被杀。25日，剩下的人逃回了日本。

24日，汉城军民还袭击了李最应私邸，将其杀死。众人继而闯入昌德宫，杀死闵谦镐和京畿道观察使金辅铉。军民也想诛杀闵妃，但闵妃化装成宫女出逃。高宗与政府束手无策，只得在25日下达传教（王命）："自今大小公务，并禀决于大院君前。"大院君的谋略大获成功。

中国的介入和扣留大院君

重获政权的大院君自然要恢复以前的执政体制。他复活了五军营和三军府，将闵氏家族逐出政权。然而，大院君的执政生涯很快画上了句号。壬午兵变时，正在天津的金允植和鱼允中于8月向清政府要人申诉，称此次事件是李载先事件的余党和大院君发动的,若放任不管,日本公使重返朝鲜时必将挑起事端,因此请求清政府迅速派遣军舰镇压"乱党"。

清政府派遣北洋水师提督丁汝昌率三艘军舰,与相当于北洋大臣顾问的马建忠赴朝。北洋大臣由长期兼任直隶总督的李鸿章担任。早在总理衙门成立之前,李鸿章便负责外交事务。当时李鸿章因母亲去世回乡奔丧,代理其职的张树声当即决定干预朝鲜。想要解散大院君政权的马建忠于8月26日绑架大院君,于翌日押回天津,将其幽禁在保定府。随后,吴长庆率2 000名士兵于28日至29日袭击了兵变的中心梨泰院和往十里,逮捕170余人,处决其中11人。担任指挥官的是吴长庆麾下的袁世凯。后来,袁世凯以威压的方式控制了朝鲜。

爆发于汉城、或可称"大院君叛乱"的壬午兵变终于平息。这次事件再一次让国内外意识到了闵氏政权的残暴、贫民对闵氏政权的敌意,以及大院君的深得民心。其后,大院君仍然受人拥戴,甚至还在后来的甲午农民战争中扮演了重要配角。

开化派的分裂

大院君是攘夷主义者,又是仅次于国王、足以代表国家的人物。金玉均搭乘花房义质的船回到仁川时,与从中国归来的鱼允中进行了会谈。他谴责鱼允中和金允植的行为是"将国权卖给支那"，并悲愤地慨叹道："朝鲜自主之权已经失去。"(《福泽谕吉传》第三卷）对于大院君来说，开化派领袖金玉均是不容允许的存在，此次听说金玉均回国，大院君甚至下发了逮捕令。但是对于金玉均来说，大院君虽是仇敌，但他仍是左右国权的人物。

开化派在此时发生了分裂，分为金允植、鱼允中、金弘集等人的稳健开化派，以及金玉均、朴泳孝、洪英植、徐光范等人的激进开化派，金玉均与鱼允中因此绝交。稳健开化派在双重体制均衡的基础上摸索着朝鲜的独立，不敌视中国。而激进开化派希望以一元的形式进入《万国公法》体系，因此敌视宗主国中国。出于这个原因，两年后的甲申政变由激进开化派单独发动。

《济物浦条约》

拼命逃离军乱、跑回日本的花房义质受政府之命，计划与高宗或新成立的政府进行谈判。四艘军舰以及一个大队的陆军步兵紧随花房而来。8月12日，花房义质进入仁川。16日，花房义质到达汉城，与高宗和大院君展开会谈。24日，花房义质在仁川与马建忠进行会谈。当得知马建忠打算绕开大院君进行实质性的日朝调停时，花房义质方才放下心来。这是因为中国不仅介入兵变、对朝鲜伸张宗主权,甚至在日本面前,中国也毫不示弱。在日本政府看来,中国已做好了与日本开战的准备。不过这只是杞人忧天罢了。

大院君被绑架的第二天,日朝双方在仁川展开谈判。朝方全权代表为李裕元,副官为金弘集。谈判于8月30日结束,并立即签署了《济物浦(仁川)条约》。条约除了逮捕、处罚兵变主谋者以外,还在以下方面达成了共识,即向受害者个人赔偿5万日元,向日本赔偿50万日元;由日本军队保护日本公使馆等。与该条约同时签署的还有《修好条规续约》。续约规定,釜山、元山、仁川的日本商人的活动范围扩大到50里(合20公里,两年后变为100里);开放汉城近郊的杨花津;承认日本外交官的内地旅行权等。

自由民权运动与壬午兵变

那么在壬午兵变中,日本的舆论动向又是怎样的呢?首先,官权派报纸《东京日日新闻》仿佛是在迎合政府的对朝强硬政策,大书特书日本的受害情况,煽动民众的仇恨情绪。福泽谕吉主编的《时事新报》意识到要与中国对抗,因此要求政府派出充足的陆海军兵力,主张以不惜发动战争之决心索取赔偿。福泽谕吉曾倡导东洋盟主论,主张文明地领导朝鲜和中国,但这次事件成了他转变态度的第一步。这一时期,关于壬午兵变的锦绘十分畅销,这些作品戏剧化地描绘了花房公使一行的逃脱过程,进一步煽动了日本民众同仇敌忾的情绪。很多人因此主动要求捐款或参军。

另一方面,自由民权运动各派也展开了小心谨慎的论争。自由党机关报《自由新闻》虽表明了开战的态度,但又主张少要赔偿金,不应提出割让领土、处罚叛乱士兵等要求。改进党的《东京横滨每日新闻》《邮便报知新闻》等报主张处罚叛乱士兵、给予受害者扶助金,但又认为要求不可过于苛刻。《济物浦条约》和《修好条规续约》一经签署,自由党和改进党的报纸便对日本政府的过分要求进行了批判。自由党的立场是,日本为何屈服于欧美却对亚洲采取强硬姿态。也有观点认为,如果不修改对朝不平等条约,日本与欧美的不平等条约也无法修改。还有文章从亚洲主义的观点出发对政府展开了批判。

其中,中江兆民发表在《自由新闻》(8月12日、15日、17日)中的《论外交》没有对壬午兵变进行讨论,而是对政府展开了尖锐的批判。他指出了"富国"与"强兵"的矛盾,认为应放缓"强兵"之策,走小国发展之路。他认为,"道义"和"正义"之路才是关键所在。

这些讨论与江华岛事件爆发时的讨论大为不同。只有当自由民权运动达到全盛时期才会出现这种健全的讨论。但是,在鼓吹日本优越感这一点上,前后两次并没有什么区别。甚至连中江兆民对朝鲜的论述也是"如其小弱之国,宜容爱之,可使其徐徐走向进步之途"。中江兆民看上去是在倡导小国主义,但其内心未必认为日本是小国。面对朝鲜时,中江兆民仍主张日本应彻底站在领导者的位置上。

第四章 甲申政变与朝鲜的中立

高宗送给政府顾问德尼的太极旗（1890）

一、闵氏政权与开化派

中国强化宗主权

中国早在壬午兵变以前就在讨论是否要将中国与朝鲜的宗属关系从传统的朝贡关系转变为近代的帝国与属国（殖民地）关系。中国驻日公使何如璋是提出该意见的代表人物。但是李鸿章否定了这一提案，他选择了另一条道路，即维护传统宗属关系框架的同时，改变其实质。壬午兵变后，张謇、张佩纶等人又向李鸿章提出了该意见，李鸿章仍然没有同意。

尽管有各种各样的讨论，但壬午兵变后中国的宗主权仍然得到了强化。如前所述，1882年10月4日缔结的《中朝商民水陆贸易章程》明确了中国的宗主权。虽说这体现了朝鲜的双重体制，但这一章程仍是不平等的。该章程是在双方达成宗属关系共识的基础上缔结的，因此该章程明确规定不与其他国家利益均沾。也就是说，其他国家虽然使朝鲜承认了其最惠国待遇，但该待遇并不适用于该章程。实际上，在列强的压力下，中国有时也不得不均沾利益。另一方面，汉城开市，中国商务总办派驻汉城，中国因此可以以管理中国商人的名义干涉朝鲜通商事宜。只要向商务委员提出申请，中国商人便可到朝鲜内地行商，此即外国人在朝鲜内地行商之嚆矢。1884年以后，中国商人在朝鲜的活动愈发活跃，甚至连治外法权也顺理成章地得到了承认。即使被告是朝鲜人，原告是中国人，商务总办也能参与审判。

闵氏政权下的改革与中国

《中朝商民水陆贸易章程》比朝鲜与日本、与欧美等国缔结的条约更加不平等。但在朝鲜一方看来，中国并非要将朝鲜变为殖民地，不但如此，中国反而想将朝鲜作为抵御列强侵略的防波堤。朝鲜政府听从李鸿章及其属下马建忠的建议，于1882年12月末聘请马建常（马建忠之兄）及德国人穆麟德（Paul Georg von Möllendorff）为政治顾问，并在二人的领导下，于1883年1月新设统理交涉通商事务衙门（又称"统署"或"外衙门"）以及统理军国事务衙门（又称"内衙门"）。前者负责外交通商事务，后者可视为三军府的后身，负责军国（内政）事务。除闵氏亲族和守旧派外，开化派也被启用，如外衙门启用赵宁夏、闵泳翊、金弘集、金晚植（金允植堂兄）、金玉均等人。穆麟德担任顾问的同时还负责监督税关。内衙门则启用了闵台镐、金允植、洪英植、鱼允中等人，马建常担任顾问。

军政改革也在同时进行。提督吴长庆麾下有3 000清兵，他将朝鲜军队的改革事务委托给了袁世凯。袁世凯先以1 000名士兵组建新建亲军营，下发新式武器加以训练。这支军队由左营和右营组成，后来又增设前营和后营，形成四营体制，队长均由非开化派人物担任。但是，袁世凯绕过吴长庆在朝鲜展示出的傲慢姿态招到了许多人的反感。而且纪律不严、屡屡抢夺朝鲜官民，对朝鲜官民施暴的清兵也招致朝鲜人的怨嗟。

李鸿章并不打算将朝鲜变为近代意义上的属国，而且中国的宗主权越来越强大。激进开化派认为改变这一现状最为紧要。而站在双重体制论立场上的稳健开化派则不同，他们虽然厌恶中国的行为，有时也会气愤不已，但从中国与列强势力均衡这一点来考虑，他们又不得不接受中国宗主权强化这一现实。国王和闵氏家族也这样认为。

开化派的掌权策略

兵变后的1882年9月，幼学池锡永上疏要求鼓励洋学。池锡永曾作为修信使金弘集的随员前往日本，因致力于普及种痘法而为人所知。他在上疏中说，应设一院，广纳西欧之文化事业，从全国选拔有学识者学习两个月，使其"利用厚生"。池锡永不但劝人学习《朝鲜策略》，还劝人学习《万国公法》等西欧书籍。在国内书籍中，他劝人学习金玉均的《箕和近事》、朴泳孝的《地球图经》等良书。两书今已不存，但由此可知，当时的金玉均、朴泳孝已经受到了人们的关注。

两人同时也是改革的旗手。改革必须要得到闵氏政权的合作，因此他们将目光投向了闵泳翊。此前，随着高宗发布亲政宣言，闵升镐成为新的"势道"。闵升镐被暗杀后，其养子闵泳翊成了与闵妃血缘最近、最受信任的人。金玉均访日时闵泳翊本应同行，但因故而作罢。后来，闵泳翊于1883年7月以报聘使的身份赴美，并谒见了阿瑟总统。随之一同前往的是激进开化派的洪英植和徐光范。一行人在回国途中游历了欧洲，增长了见闻，最终于12月回国。不过即便如此，闵泳翊依然没有下定决心改革以闵氏为中心的政治。

另外，开化派还以别入侍的身份辅佐国王，致力于高宗的开明化举措。所谓别入侍，是指允许出入国王内殿的人。开化派人士多出身名门，有资格成为别入侍。再加上他们又是新衙门中的实力官僚，因此由高宗主导、开化派致力的开明化举措取得了些许成就。1883年2月5日，高宗发布纶音，称"官绅"者亦"可阜通家财变富裕"。这意味着国家允许两班官僚从事商业活动。朱子学倡导天理与人欲相斗争，以此为根本法则的朝鲜王朝自建国以来便一直采取抑末（抑商）政策，士族不可经商以满足私欲。因此这一纶音具有划时代的意义，它使原本的政策发生重大转变，为朝鲜的资本主义近代化打下基础。

开化政策

作为别入侍受到高宗信赖的开化派一步步主导着开化政策的推进。1882年9月，朝鲜政府任命朴泳孝为修信使正使，前往日本为壬午兵变谢罪。此时，太极旗作为国旗在船中被制作出来并第一次使用。朴泳孝时年22岁，是哲宗的女婿，获封荣爵锦陵尉，位居开化派首席。金玉均也在随行之列。由于后藤象二郎和福泽谕吉等人从中斡旋，朴泳孝成功取得横滨正金银行17万日元贷款，其中5万日元充作对日赔偿50万日元的第一次偿还，剩余的大部分用作朝鲜学生留学陆军户山学校和庆应义塾等校的经费。

1883年2月，朴泳孝被任命为汉城府尹。以此为契机，朴泳孝设立治道局、巡警局等机构，欲将首都建设成近代化的都市。金玉均将与朴泳孝讨论的内容写成论文《治道略论》（1882年12月），治道局正是以该论文为基础设立的城市治理机构。朴泳孝甚至设想创建属于开化派自己的新式军队，而陆军户山学校的留学生就是其重要的干部候补生。然而由于朴泳孝过早于同年

4月左迁广州（位于今天的韩国中东部），以上政策最终夭折。

作为朝士视察团团员赴日的洪英植也发挥了重要作用。他研究了日本的邮政制度，于1883年4月创建邮政局，担任总办，成为朝鲜近代化邮政制度的先驱。

《汉城旬报》和《汉城周报》

在开化派主导的政策中，最为重要的一项是博文局发行了近代报纸《汉城旬报》。博文局是为传播开化思想而设立的机构，金晚植担任负责人。金晚植得到福泽谕吉的帮助，从日本招来福泽谕吉的门生井上角五郎以及多名印刷工人，并引进日本的活字和印刷机器。1883年10月31日，《汉城旬报》创刊。

《汉城旬报》原本应以留学庆应义塾的俞吉濬为中心，在汉城府尹朴泳孝的领导下刊行。但由于朴泳孝左迁，刊行被延后。而且《汉城旬报》原本计划用韩汉混合文刊行，但最终改成了汉文刊行。《汉城旬报》兼有官报性质，配送地也主要是全国各地的官府。但是为了让读者增长近代识见，《汉城旬报》的内容始终贯穿着启蒙主义思想。

还应特别注意的是，世界形势始终占据着《汉城旬报》的较大版面。亚非各国因遭受西欧列强侵略而陷入危机，诸如此类的内容屡见报端。这是朝鲜对自己的警告。《汉城旬报》因甲申政变而停刊,其后于 1886 年 1 月 25 日改为《汉城周报》再刊,一直延续至 1888 年 7 月。《汉城周报》采用韩汉混合文,是近代朝鲜文的先驱。

二、甲申政变与日本

开化派的焦虑

以上改革使开化派和闵氏政权产生了矛盾。闵氏政权并非一定反对近代化改革,但是开化派主导的改革过于激进,这样一来,站在家族、门阀政治立场上的闵氏政权就很不是滋味了。改革难免会使闵氏势力被削弱或被否定,闵氏也必将展开反击。朴泳孝仅当了两个月的汉城府尹便左迁广州,这充分说明了双方的倾轧。负责统理交涉通商事务的金玉均也于 1883 年 4 月左迁为东南诸岛开拓使兼捕鲸使。

在这种状况下,从日本募集 300 万日元外债成了金玉均的起死回生之策。为了解决当时的财政困难,闵氏政权和穆麟德筹划发行当五钱。但是大院君执政时曾发行过当百钱,而且引起了通货膨胀,致使民众生活愈加贫困。有鉴于此,金玉均强烈反对该计划,并提出替代方案,即从日本募集300万日元外债。金玉均拿到高宗的委任状后,于1883年6月赴日。

但是,日本驻朝公使竹添进一郎与金玉均敌对,他与穆麟德共谋,劝说外务卿井上馨拒绝金玉均。1883年1月赴任的竹添进一郎从很早以前便与穆麟德私交甚密,他并不相信金玉均反清、反闵氏的言行。金玉均等激进开化派人士都很年轻,而且亲日。可即使如此,竹添进一郎依然蔑称他们是轻薄才子。最终,金玉均没能募集到外债,从第一银行募集20万日元的计划也以失败告终,对法国公使和美国公使的游说也都遭到了拒绝。1884年5月,无计可施的金玉均在失意中为漫长的募款活动画上了句号。金玉均回国时,当五钱已经引起严重的经济问题,可敌视金玉均的穆麟德却反过来攻击金玉均。金玉均只好暂时躲到汉城东郊避难。

事态紧迫,如果不做出改变,开化派很有可能被完全排挤出闵氏政权。虽说是开化派,但其势力极为微弱,处于政府之内如同风前灯火。

政变计划

于是,开化派准备发动政变,除掉闵氏家族,一举夺取政权。开化派势力微弱,又没有资金,因此只能依靠日本。鉴于壬午兵变后中国在朝鲜占优的局面，井上馨并未积极参与朝鲜事务。但是等到1884年8月中法战争爆发，驻守汉城的1 500名清军撤走时，井上馨立刻开始制定对朝策略。

暂时回国、体察井上之意的竹添进一郎于1884年10月30日返回岗位后，立刻显示出支持开化派的姿态。竹添进一郎向高宗提出，日本将放弃《济物浦条约》剩余的40万日元赔偿金，并赠送汽船1艘、山炮2门。11月3日是明治天皇的天长节（天皇诞辰），竹添进一郎邀请各国要人赴宴。在宴席上，竹添进一郎毫不忌惮出席宴会的中国商务总办陈树棠，竟向会朝鲜语的公使馆员大放污蔑之辞："支那人没骨头，恰如海鼠"（《福泽谕吉传》第3卷）。竹添进一郎的豹变让开化派大吃一惊。他们强烈要求竹添进一郎给予支援，希望他能派遣一个中队的公使馆警卫兵。

福泽谕吉也答应为开化派提供帮助，他命井上角五郎负责此事。传说三人甚至用上了电讯暗号。另外，福泽谕吉还通过井上角五郎向开化派提供了日本刀、手枪、炸药等。

甲申政变始末

1884年12月4日，开化派发动政变。当晚，闵氏政权要人与外国要人应邀出席洪英植主持的邮政局成立祝贺会。晚上10

甲申政变领袖金玉均(1851—1894)

点左右,有人在祝贺会的隔壁房屋纵火,并砍伤从宴席中逃出的右营使闵泳翊。推翻"诸闵"和"奸臣"的行动就此展开。金玉均、朴泳孝等人立刻前往王宫,伪称中国发动兵乱,将国王从宽大的昌德宫转移至易守的景祐宫,并请求日本出动军队。同时,二人命令徐载弼指挥户山学校出身的士官生以及前营、后营部队的部分士官把守大小门。除右营使闵泳翊外,其他三营队长——左营使李祖渊、前营使韩圭稷、后营使尹泰稷,以及闵台镐、闵泳穆、赵宁夏等闵氏政权主要人物听说事态紧急,立刻入城,结果遭到守卫部队杀害。被砍伤的闵泳翊因负重伤,侥幸保住了性命。

第二天,开化派立刻组建新政府,发表了以左议政李载元(大院君的侄子)和右议政洪英植为首、网罗大院君派和开化派的政权构想。6日,新政府发布新政纲,提出废止对清的事大外交、打破门阀、人民平等、改革地租法、处罚贪官污吏、改革警察制度、财政一元化等。

关于甲申政变经过和内容的史料很少,不明之处较多,甚至被当作基本史料的金玉均回忆录《甲申日录》都有可能是日本人伪作的。这一点与开化派政权尚未发挥作用便垮台不无关系。由于景祐宫未做防寒准备,饮食也有不便,因此5日开化派携国王、闵妃等人经李载元私邸回到昌德宫。袁世凯抓住这一时机,逼迫右议政沈舜泽请求清军出动,并于发布新政纲的6日出动军队。袁世凯率800人,吴兆有率500人,兵分两路进攻昌德宫。150名日本军人得到竹添进一郎的指示后立即撤退,100名开化派直属部队瞬间溃败。洪英植、朴泳教(朴泳孝之兄)以及7名士官学校的学生一直守卫在高宗身旁,直到被清军杀害。金玉均、朴泳孝等9人逃到日本公使馆,与日本人一同急往仁川。然而,前方等待着他们的是朝鲜亲军左营的500名士兵。一行人千辛万苦抵达仁川后,乘日本船千岁丸亡命日本。

开化派人士被视为"谋叛大逆不道罪人"。其中大部分家族被迫自决,或被逮捕,死于狱中,其财产自然也被没收。人称"白衣政丞"、为金玉均所仰慕的刘大致在政变后逃往山中,终生独自参禅。

甲申政变的思想

激进开化派的目标是接纳西欧近代文明,以一元化的形式进入《万国公法》体制，完全摆脱宗主权强化的中国，建设国民国家。在这种情况下，在短时间内完成西欧化的日本明治维新便成了最好的样板。建成"亚细亚的法兰西"是金玉均的目标，这其中也可窥见开化派的大国志向。虽然并非所有朝士视察团成员都对明治维新持有肯定态度，但在当时的政治家和官僚中，激进开化派的这一思想的确算是一个亮点。

另一方面，金玉均还持有亚洲主义连带思想。金玉均著有《箕和近事》（已亡佚）一书，据推测该书首先叙述了近来朝日之间的相关事宜，而后主张中、朝、日三国提携。后来，这种思想被称为三和主义。金玉均的思想不能简单地理解为大国志向，其中仍可见到儒教民本主义的影子。

朝鲜传统观点认为，"富国强兵"具有权力主义的霸道形象，因此"富国强兵"一词一直带有负面含义。而取而代之的是"自强"一词。所谓"自强"，即以民本为基础充实内政，强化儒教教化。"富国强兵"是霸道，"自强"则是王道。"自强"论认为，增强军事力量的道路是反民本主义的，军事力量应保持在足够防御的最小限度。开国后，朝鲜并非没有正面使用"富国强兵""富强"等词语的舆论环境，但是即便是正面使用这些词语，其所指的具体内容实际上也是"自强"。

甲申政变后的1888年，朴泳孝完成关于国政改革的《朴泳孝建白书》（《日本外交文书》卷21）。该书虽然表露出了对西欧文明的强烈信仰和对明治日本的美好憧憬，但其中仍然贯穿着王道论和民本主义精神,即无论内政外交,必须以"信"为基础,"保民"必须先于"护国"。

民众与日本

然而,激进开化派的思想中又有愚民思想的一面。所谓儒教民本主义,原本就是倡导为民实行政治,却不以民为政治主体的主义。四民平等的思想虽是开化派之祖朴珪寿所倡导的,但一旦付诸实践,具有精英士族自觉的开化派很难真正做到四民平等。甲申政变为何采取政变的方式而非革命?政变为何全面依靠日本?开化派的愚民思想就是这些问题的本质所在。

实际上,汉城民众的攻击也的确为开化派政权的崩溃起到了重要作用。废立国王的流言瞬间在民间传开,民众纷纷聚集在王宫和公使馆前,向日本人和开化派扔石头或使用其他暴力。不相信民众、只相信其他国家的开化派政权最终被民众推翻。民众的叛离是开化派政权崩溃的决定性因素。

而且开化派还遭到了他们所信赖的日本的背叛。逃往仁川时,卑鄙的竹添进一郎一度想答应朝鲜政府引渡金玉均等人的要求。一旦被引渡,金玉均等人将要面临的无疑是极刑。因此众人已做好自裁的准备。这时,千岁丸船长辻胜三郎控制住竹添进一郎，承诺："此船泊之事皆在我权内，诸君皆安可。"（古勤纪念会编《金玉均传》上卷）最终，辻胜三郎帮助金玉均等人成功逃脱。而这一过程也成了一段著名的轶事。

流亡日本后，金玉均等人受到了日本政府的冷遇。闵氏政权称金玉均、朴泳孝、洪英植、徐光范、徐载弼为"五贼"，要求引渡已经死亡的洪英植以外的四人，日本政府最终勉强地拒绝了引渡要求。四人只能在日本在野有识之士的帮助下，勉强过着流亡的生活。对日本的冷遇深感沮丧的徐光范和徐载弼最终去了美国。其间，闵氏政权派刺客前往日本。日本政府深感金玉均一事的棘手，于是暂时将其送往小笠原群岛、北海道等地。

甲申政变与自由民权运动

甲申政变发生时，日本自由民权运动正陷入重大危机。激进派主导的激化行动接连不断，无法控制局面的自由党于1884年10月解散。而甲申政变的发生正好为打破这一窘境提供了一线希望。政变爆发后，民权派报纸一致保持对华强硬论调。1885年1月18日和30日，东京和大阪的学生、青壮年举行了志士运动会和反华游行。中江兆民在东京的集会上书写了檄文，文中小国主义者的姿态已消失不见。

这一动向甚至引发民众组建义勇军，波及3府24县。自由党虽然解散，但其机关报《自由新闻》仍在刊行。1884年12月27日刊行的《自由新闻》主张对华开战，认为这是"示我邦之武力于宇内，令白皙人种大吃一惊的好时期"。如果打败中国，日本就能一举修改此前的条约。

1885年11月23日，以大井宪太郎、小林樟雄为首的大阪事件最有力地显示了自由民权运动向国权论的大转舵。原自由党党员计划以武力进攻朝鲜，打倒闵氏政权，不料计划泄露，此即大阪事件。虽说这一计划与开化派有所关联，但实际上，大井宪太郎、小林樟雄等人不过是为了恢复趋于消沉的自由民权运动，而将矛盾转向国外罢了。当他们对朝鲜问题加以利用时，民权论便轻易地转变成了国权论。亚洲主义已名誉扫地。

关于这一点，深度参与甲申政变的福泽谕吉表述得更加露骨。福泽谕吉本是国权主义者，但他却在1885年3月16日刊载在《时事新报》的《脱亚论》中说，朝鲜、中国乃"恶友"，应以与西欧文明国家同样的态度对待两国。曾经的亚洲主义论调虽然态度傲慢，但至少认为日本应作为东洋盟主带领朝鲜和中国走向文明。而今，这种论调已荡然无存。此时距离甲午战争（日称"日清战争"）的爆发还有不到10年的时间。

三、列强与朝鲜的中立化构想

《汉城条约》和《天津会议专条》

为了对甲申政变进行善后处理,1884年12月30日,全权大使井上馨率领两个大队在仁川登陆,立即进入汉城。1月9日,《汉城条约》缔结。条约规定,朝鲜政府向日本谢罪,向被杀害的日本侨民遗属和负伤者支付赔偿金10万日元。然而对日本参与甲申政变一事,条约却只字未提。

伊藤博文于1885年4月2日抵达天津与李鸿章进行协商,并于18日签订《天津会议专条》。内容包括,中日两军从朝鲜撤退;朝鲜政府录用外国军事教官;将来中日两国向朝鲜派兵时要互相"行文知照"(事前通知)等。

从这时起一直到1893年7月,朝鲜没有再出现外国军队驻扎的情况。朝鲜成为真正的独立国家的绝好时机已经到来。但是,朝鲜仍被置于《中朝商民水陆贸易章程》的体制之下,如果不做出改变,中国的宗主权将越来越大。引入俄国势力牵制中国的思潮在此时迅速抬头。

第一次朝俄密约事件

穆麟德虽然是靠中国当上朝鲜政府顾问的,但他也觉得中国对朝鲜的压制有失妥当。而且尽管穆麟德与金玉均水火不容，但他也认为朝鲜终究是独立的国家。两人的不同之处在于，穆麟德无意让朝鲜摆脱中国朝贡国的身份。在《万国公法》中，朝贡国必须是内政自主的独立国。

于是，穆麟德提出引入俄国势力牵制中国。具体包括，从俄国招聘军事教官，朝鲜成为俄国的保护国，作为酬劳向俄国提供不冻港。这一密约得到了高宗和闵妃的同意。俄国驻日公使馆秘书官士贝耶（Алексей Николаевич Шпейер）为缔结条约于1885年6月10日访问汉城。一直甘愿接受双重体制的高宗也开始觉得中国的宗主权过分强大。但是他没有认识到，成为国际法上的保护国就意味着丧失外交自主权。他的认知还仅仅停留在"以俄国为靠山"的层面。后来，日本也曾表示要将朝鲜变为自己保护国，从当时高宗表现出的抵抗姿态来看，高宗确实是这样理解的。

但是，以督办交涉通商事务金允植等大臣为首的朝鲜政府断然拒绝了缔约之事。此时朝鲜与俄国的邦交关系尚未得到正式批准。士贝耶只好放弃缔约，于7月7日离开汉城。高宗将所有责任推给了穆麟德，于8月解除其职务。

日本的对华协调与中国

另一方面，英国于1885年4月15日突然占领位于朝鲜半岛南端、丽水之南的巨文岛。当时英国在阿富汗问题上与俄国对立。为了阻止俄国进入朝鲜、为对俄开战做准备,英国计划将巨文岛作为先发制人进攻海参崴的海军基地。金允植等人向英国提出抗议,要求其迅速撤离,并请求各国公使予以协助。

期间,为了阻止英俄进入朝鲜,日本呼吁清政府予以协调。1885年7月,外务卿井上馨通过驻华公使榎本武扬向李鸿章提出八条朝鲜外务办法,提议中日两国提携推进朝鲜改革,政策主导权委于中国等。但是,李鸿章察觉出了日本干涉中国对朝宗主权的意图而拒绝了该提议。

对于李鸿章来说,高宗和闵妃都是不能疏忽大意的存在。为了牵制他们的活动,李鸿章甚至计划让大院君回国。而且井上馨也劝中国放大院君回国。对此,高宗和闵妃家族大为惊愕。1885年10月3日,大院君终于回国。回国前,闵氏家族逮捕了受大院君的影响而发动壬午兵变的余党,将数名主犯或凌迟,或毒杀。

李鸿章加强了对朝鲜的掌控。他换掉被竹添进一郎污蔑为"海鼠"的商务总办陈树棠,给予袁世凯新的职务名称,即总理朝鲜通商交涉事宜,命其于1885年11月再赴汉城就任。后来成为中华民国第一任大总统的袁世凯当时年仅27岁,立功心切、意气用事,而李鸿章任命袁世凯,正是看中了他在镇压壬午兵变中杀伐决断的一面。最终,袁世凯不仅获得了商务方面的权力,还获得了参与外交的权力。其后,袁世凯一直对朝鲜采取高压政策。

第二次朝俄密约事件

袁世凯的果断和傲慢很快在1886年8月的第二次朝俄密约事件中表现出来。英国拒绝从巨文岛撤退半步，高宗、闵妃及其亲信因此策划了这一事件，并将密信送至俄国驻朝代理公使韦贝尔（Карл Иванович Вебер）处。密信的大致内容为，以俄国之力使英国从巨文岛撤退，进而凭借俄国的保护，解除与中国的宗属关系，构筑与其他国家"一律平行"的关系。此次密约在政府内部人尽皆知。金允植和闵泳翊表示了反对，闵泳翊还向袁世凯告密，事情因此败露。

袁世凯要求韦贝尔归还密信，但韦贝尔否认接到密信。另一方面，袁世凯断然提出废除国王高宗的方案。在这一情况下，大院君政权复辟、其爱孙李埈镕（大院君长子李载冕之子）的即位成了废除高宗的条件。不过，由于大院君的势力基础已被削除，能力有限，更重要的是日本、俄国等列强不会默许中国干涉朝鲜内政，因此李鸿章虽一度倒向废掉高宗，但最终还是没有同意。

李鸿章秉持着传统中华知识分子和官僚政治家应有的根本理念，在他的观念中，无论如何都必须维护传统的朝贡体制。在此之前，李鸿章始终没有同意将朝鲜变为近代意义上的属国（殖民地），而且如果中国自己逼迫朝鲜成为近代意义上的属国，就等于承认了西欧的侵略逻辑。那样的话，朝鲜就会成为各方势力赤裸争夺权力的角逐场，这样的局面反而会导致中国与朝鲜的宗属关系崩溃。不仅如此,中国自身也有可能成为列强势力的下一个角逐场。虽然壬午兵变后中国的宗主权有所强化,但是为了避免朝鲜成为近代意义上的属国,李鸿章选择在临界点原地踏步。

德尼与袁世凯

李鸿章险些因穆麟德、高宗、闵妃等人的"引俄拒清"之策马失前蹄。吃一堑,长一智的李鸿章于第二次朝俄密约事件之前的1886年5月,聘请美国法律专家德尼(O.N.Denny)为外国顾问前往朝鲜。但是德尼辜负了李鸿章的期待。他试图从国际法的角度抑制清政府的横暴。1887年2月27日,俄国承诺,如果英国从巨文岛撤退,俄国将不占领朝鲜一寸土地。得到承诺的英国撤出巨文岛。至此,朝鲜危机告一段落。德尼建议朝鲜政府向欧美派遣全权使节,彰显自主独立国家的体面。

袁世凯对此进行了阻挠,但在美国的抗议下,袁世凯只能应允。不过,"全权"属于僭越,因此作为退让条件,全权使节被降格成了公使。袁世凯还要求公使赴任时有义务首先拜访大清使节。1887年11月,担任驻美公使的朴定阳,兼任驻英、德、俄、意、法公使的赵巨熙踏上了旅程。朴定阳拒绝由中国驻美公使张荫桓作为先导向美国总统克利夫兰递交国书。袁世凯大怒,在香港驻足的赵巨熙因此打消了赴欧的念头,原路回国。朴定阳也被召回。

德尼对袁世凯的行为非常不满,于1888年1月著《清韩论》,称朝鲜虽然是"进贡国",但从国际法的角度来说,朝鲜终究是"独立主权国",而《中朝商民水陆贸易章程》不过是关于修好通商的条约而已。他批评图谋废除国王、参与人参走私贸易的袁世凯极为"傲慢",评价高宗不愧为一国之君,具有隐忍和宽容的品质。

尽管有德尼的牵制,但袁世凯仍然在朝鲜为所欲为,甚至被称为"王座背后的权力者"(伊莎贝拉·伯德《朝鲜和她的邻居们》)。但是,朝鲜坚决不做中国的保护国,它一直在触底的边缘维护着"属国自主"的权利。

朝鲜的中立化构想与日本

甲申政变至甲午战争爆发期间,中国的宗主权虽然得到强化,但朝鲜的中立化构想也在此时被摸索出来。第一个具体提出朝鲜永久中立化的是德国驻朝总领事布德勒(Hermann Budler),当时是1885年3月,朝鲜政府否绝了这一构想。

后来朝鲜人自己也多次提及朝鲜中立化构想。金允植的双重体制论虽不能称作永久中立论,但并非不能称为自主的中立化政策。金允植在双重体制下摸索着朝鲜的资本主义近代化道路，其思想根源贯穿着国际信义的同时，又横亘着儒教式的理想主义，即走王道的"自强"之路，而非霸道的"富强"之路。他认为，朝鲜在此时独守各国都不愿遵守的《万国公法》，问"信"于世，这才是"小邦自主之路"。

甲申政变以前，金玉均毫不避讳地表达了以大国为志向的民族主义。但在流亡日本后，他也开始探索小国构想，即朝鲜的中立化道路。中国作为盟主，说服欧美列强同意朝鲜中立，不仅对于朝鲜，对于中国来说也是上策。可以说，这是与中国宗主权强化相对应的具有现实意义的政策转变。

对朝鲜中立化论述得最为系统的要属俞吉濬。他作为报聘使随员曾于1883年7月赴美，并在那里度过了一段留学生涯。俞吉濬是朝鲜最早的欧美留学生，这次留美是他继庆应义塾之后的第二次留学。听闻甲申政变的消息后，他游历欧洲，于1885年末回国。虽然回国之初便被幽禁，但他在这一时期执笔《中立论》，试图在《万国公法》的框架内解释朝贡体制，在承认中国实力的前提下改变这种现状，并以此来构想朝鲜的小国中立化道路。具体来说，他认为朝鲜是兼具欧洲中立国比利时和土耳其属国保加利亚两国特征的国家。

朝鲜中立论在1890年3月山县有朋提交给阁僚的意见书《外交政略论》中也能看到。山县有朋将朝鲜视为日本的"利益线"，为了保卫日本本土，他主张"利益线"中立国化。具体来说就是承认中国的优势地位,同时由中日两国共同实现朝鲜中立国化。这一观点是对井上馨提出的八条朝鲜外务办法的继承。

不过,这一构想是基于现实的政治局面、从实际利益出发构想出来的外交策略,它与意识形态层面的设想是有区别的。在意识形态层面,自"征韩"论诞生以来,日本入侵朝鲜的观念根深蒂固。无论是政府内部还是陆海军内部,对朝强硬派一直保持着强大的势力。他们已经做好了根据情况变化、随时露出獠牙的准备。此后当日本真正入侵朝鲜时,山县有朋和伊藤博文也没有站在唱反调的立场上。这是因为,山县有朋和伊藤博文在思想、政治上继承了吉田松阴、木户孝允的衣钵,因此他们原本就持有"征韩"思想。

第五章 甲午农民战争与甲午战争

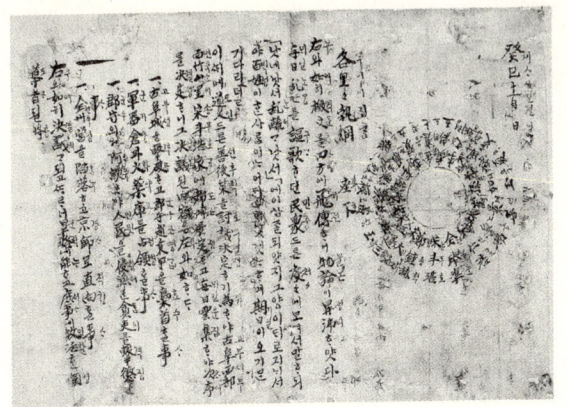

被认为是全琫准等人起草的檄文（1893年阴历十一月） 由殖民地时期一名起义参与者作为备忘录抄写下来，称"沙钵通文"。

一、甲午农民战争的爆发

中日贸易竞争

《中朝商民水陆贸易章程》缔结后,日本商人和中国商人在商权方面展开了激烈的争夺。1885年,日本对朝贸易额为1 747 546美元,中国为310 468美元,日本占绝对优势。到了1893年,日本对朝贸易额为3 492 175美元,中国为2 039 783美元,已逼近日本。从各个开港地的情况来看,如果仅算进口量的话,1893年,日本在釜山占绝对优势(829 822美元/15 149美元),中国在仁川占绝对优势(1 585 617美元/835 775美元),且在元山略微高出日本(304 932美元/283 446美元)。

双方尤其围绕细棉布等英国产的棉布展开中介贸易竞争,

压迫朝鲜商人。1890年正月,汉城钟路商人要求政府将两国商人转移至别处,事态最终发展到了全体罢市的地步。

不过这样的经济竞争并不足以引发甲午战争。当时日本和中国的资本主义还没发展到必须垄断朝鲜市场的程度。围绕朝鲜的角逐实际上具有浓厚的政治军事意味。

从朝鲜的角度来看,细棉布虽然挤进朝鲜市场,但并未立刻驱逐朝鲜土布。细棉布是奢侈品,只有上流阶层购买。农民依然自给自足地生产土布,在农村市场中,土布的销售仍然占据优势。这是因为土布虽然触感差,但十分结实。而日本资本主义的发展最终结束了朝鲜土布的生产已经是甲午战争以后的事了。

对日贸易与防谷令

当时的日本商人主要从事金块、米谷、大豆等商品的对日进口,这为日本的资本主义发展做出了贡献,同时也给朝鲜社会带来沉重打击。日本货币可在朝鲜流通,再加上金银铜比价偏离国际基准,因此日本商人利用这一点,通过欺诈性的物物交换的方式对朝鲜的金子进行掠夺性的进口,这为1897年日本转变为金本位做出巨大贡献。明治初年至甲午战争前,日本金子进口总额约1 230万日元,其中68%为朝鲜进口。进口朝鲜廉价米谷和大豆也为日本国内低薪雇佣工人提供了帮助。大阪和神户的工人购买大米只需支付普通米价的三分之一。

到了1885年,中国以外的外国人也被允许进入朝鲜内地,于是日本商人直接从产地购进大米。这样一来,春天收购、秋天提货的这种被称为"买青苗"的购米方式迅速蔓延。米谷交易中的投机性越来越强,农民也更加困苦。虽然1885年至1889年朝鲜连年歉收,出口量减少,但1890年与前一年相比出口量竟猛增46倍之多(表1)。之后虽然因1893年遭遇凶年以及甲午农民战争、甲午战争等原因,个别年份出口额有所下滑,但总体还是呈上升趋势。

表1 对日大米出口量

年	出口(日元)	年	出口(日元)
1885	27 201	1896	2 852 033
1886	10 523	1897	6 009 050
1887	128 948	1898	2 704 887
1888	21 472	1899	1 689 909
1889	54 394	1900	4 694 167
1890	2 540 652	1901	6 009 541
1891	2 225 043	1902	3 961 312
1892	1 348 796	1903	4 781 218
1893	470 208	1904	1 578 629
1894	810 475	1905	1 268 502
1895	888 022		

出典:吉野诚《关于朝鲜开国后的谷物出口》

其间，利用苛捐杂税非法敛财的地方官与商人勾结，参与到了投机贸易中。但即便是这样的地方官，为了救荒他们也不得不屡次下发对日出口禁令。其中1889年秋，咸镜道观察使赵秉式发布的防谷令尤为著名。该法令遭到元山日本侨民的强烈抗议，以致发展成所谓的"防谷令事件"。如果防谷令在实施前一个月发出通告的话完全会被承认，这是1883年7月25日缔结的《朝日通商章程》明确规定的。朝鲜政府受到日本公使馆的压力，命令赵秉式解除防谷令，但遭到赵秉式的拒绝。虽然赵秉式受到了惩戒处分，但由于各郡无法立刻全面解除防谷令，因此朝鲜政府只能赔偿。谈判陷入僵局。最终，朝鲜政府不得不于1893年5月答应将发布防谷令的黄海道以及其他数地合并计算，共赔偿日本11万日元。1890年后，朝鲜对日大米出口大幅增加，这与难以出台防谷令有很大关系。

赈恤与民乱

开港带来的实际结果是民众更加贫困，政府财政更加拮据。原本规定必须保持在240万结（掺进肥沃土的土地面积单位）的田亩到了1893年时，已减少到60万结。虽然有地方官和胥吏居中掠夺的因素存在，但这仍然是一个令人难以置信的数字。据说当时要想成为观察使需要花2~5万两，成为守令需要花1~2千两。

闵氏政权卖官鬻爵的行为已经到了疯狂的地步。而且很多人想当地方官,因此地方官的换任十分频繁。新上任的地方官只能尽早赴任,与胥吏勾结,掠夺民众,以期尽快收回贿赂出去的金谷。

开港后,在闵氏政权的统治下,朝鲜王朝的赈恤功能更加弱化。1888年,庆尚道慈仁县总户数为3 617户,因歉收而成为赈恤对象的三等户和四等户共占62%,每年都会成为赈恤对象的五等户以及籍外户共占27%。这些贫苦农民没有得到充足的赈恤,生活惶惑不安,只能打短工、当"茂斯穆"(韩语写作"머合",意为雇农)、或做人足、码头装卸工、搬运工、牛倌、舆丁、舸子(船夫)、矿工、制盐夫、织工等农业以外的临时活计勉强糊口。

赈恤功能是儒教民本主义的基干,基干一旦消失,民乱必然激化。1880年至1893年的14年间,仅编年史记载的民乱就有52起,其中约半数的25起集中在1890年至1893年的四年间。农民战争前的三年里,全罗道、忠清道、庆尚道三南地区连连爆发饥馑。据称当时每年会爆发数十起"民扰"(《梅泉野录》),因此四年间的实际民乱次数应该远远超过25起。

东学的走向

开国时期,东学在民间占据压倒性优势。1864年4月15日,东学创建者崔济愚被处死。在第二代教祖崔时亨的领导下,东学从庆尚道秘密发展到三南一带,之后又进一步扩张至江原道。不过其中不乏借东学之名横征暴敛的情况,这样一来,东学教徒所受到的压迫就更加严峻了。

1871年,东学卷入李弼济叛乱。自称东学教徒、出身没落两班的李弼济企图发动易姓革命,他再三鼓动崔时亨起义,并最终得到了崔时亨的同意。时值教祖殉教忌日(阴历三月十日,公历4月29日),500名起义军在庆尚道宁海起义。他们夺取武器,杀死府使,但很快便被镇压了下来。9月,李弼济在闻庆的起义同样被迅速镇压,其本人被捕,后被处以凌迟。

此后,政府对东学进行了更加严酷的弹压,但其势力仍在扩大,丝毫没有减弱的迹象。1880年及翌年,东学教典《东经大全》(汉文)和《龙潭遗词》(谚文)相继刊行。与此同时,东学教徒整顿组织结构,实行包接制,即地区小组织称"接",上一级大组织称"包","接"的领导称"接主",包的最高领导称"大接主",副领导称"首接主","包"和"接"下实行"六任制"(教长、教授、都执、执纲、大正、中正),明确各教徒的责任。

开港后,民众贫困和生活的不稳定加速了他们皈依主张"万人皆真人"的东学的进程。但是,崔时亨只推崇"守心正气"的内省主义,他并不期待民众变革。对民众变革寄予希望的是异端派。其领导人为徐璋玉、全琫准、金开南、孙化中等。东学教义认为,服用仙药、诵读咒文能够轻松地感应"侍天王",即天灵。而异端派则在民间大力推行该教义。

教祖申冤运动

1892年阴历十月,异端派独自采取了极为大胆的行动,徐璋玉在其中起到核心作用。他们在忠清道公州集会,向当时的忠清道观察使赵秉式申诉,要求各郡停止横征暴敛,承认东学合法。在"防谷令事件"中展现出儒教民本主义风骨的赵秉式在此时被当成贪官受到指责。一直被弹压的东学教门此时挺直了腰板,以全教团之势展开教祖申冤运动。这是一场为教祖崔济愚洗刷冤罪、使东学合法化的运动。1892年末,东学教徒在全罗道首府全州的近郊参礼举行了数千人集会。

然而地方上的集会运动并未取得令人满意的结果。于是翌年的1893年3月28日,教徒公然伏阁上疏。以朴光浩为首的上疏团80人在景福宫光化门痛哭三天三夜。而异端派认为,教门中央主导的上疏活动太过温和,于是在同一时期乘一万多名东学教徒上京之势,独自发起挂书行动。异端派将主张"斥倭洋"的挂书张贴在各国公使馆、外国人学校、东大门、南大门等处,汉城顿时陷入恐慌。异端派还计划于4月22日(阴历三月七日)发起攘夷行动。

当时的朝鲜民众无疑都具有排外情绪。1888年,外国人诱拐、买卖幼儿,剜心脏、眼珠用来做药、做汤,或用作拍照的素材之类的谣言不断在汉城扩散。由于外国人带来的近代文明太过奇怪,因此在朝鲜人眼中,"倭洋一体"的欧洲人和日本人是既难以捉摸又十分恐怖的存在。直到后来美国、俄国、法国的陆战队进入汉城,这些流言才得以平息。异端派想利用汉城的对外不安情绪,陷政府于窘境。

但是,挂书终究是一种战术,而非真正攘夷。异端派虽然具有强烈的反日情绪,但他们未必对普通外国人抱有排外意识。攘夷尚未实施,挂书事件很快便平息下来。

之后,教门中央和异端派返回地方,于4月和5月分别在报恩(忠清道)和金沟(全罗道)举行两万人集会。两次集会均号召"斥倭洋",反对地方官的横征暴敛。报恩集会对政府采取了妥协态度,而金沟集会则展现出了彻底抗争的姿态。异端派试图裹挟教门中央一举实现真正意义上的反政府运动,但在政府军到来前,报恩集会便在宣抚使鱼允中的劝说下解散了。至此,教门中央与异端派的分裂已无可挽回。其后,教门中央被称为"北接",异端派被称为"南接"。

古阜起义

全罗道古阜是谷仓之地,然而自1892年起,古阜连年歉收,饥馑严重。同年5月,赵秉甲被任命为古阜郡守。他极尽虐政之能事,无视全罗道监营的免税措施,强行收取比平时更高的税。同时他还非法征收水利税,随意给富民加上罪名夺其金钱,手段凶狠毒辣。

东学异端派全琫准住在古阜。金沟集会时，他与徐璋玉发挥了中心作用。全琫准是出身本地村庄的知识分子，在书堂做教书先生，生活贫困。他的父亲全彰赫因抗议赴任不久的赵秉甲实施虐政而被杖杀。全琫准承其遗志，两次呈诉，一次被捕。作为东学异端派领导人，全琫准早就做好了发动大起义的准备。终于在1894年2月15日，全琫准率领500名村民袭击了郡衙，赶跑了赵秉甲。他们还袭击了武器库，释放了罪犯，将非法掠夺来的米谷分给村民。起义队伍迅速发展到了一万多人，众人陶醉在胜利的喜悦中，起义变成了一场狂欢。不久之后，全琫准将阵地转移至天然要塞白山，举起"辅国安民倡大义"之大旗。

但是4月1日，被任命为新郡守的朴源明赴任后，对古阜民众采取了怀柔政策，起义队伍因此散去。起义民众期待的只不过是施行仁政而已，举行大起义只是一个意外。之后，为收拾古阜民乱残局，政府派按核使李容泰上任。李容泰全面推翻朴源明的怀柔政策，被判定为东学教徒的民众再次蒙受非法盘剥。于是，全琫准带领东学教徒离开古阜，试图联络其他各地同志。

第一次农民战争

全琫准得到金沟的金德明和泰仁的崔景善等人协助,很快组织起3 000人的农民军。为了能随时发动起义,异端派已经在一定程度上做好了事前计划。之后,全罗道拥有最大势力的异端派领袖、东学大接主孙化中在茂长集结农民军。4月25日,4 000人农民军在茂长召开大会,发布檄文,打出"以辅国安民,为死生之誓"的口号,号召人们打倒以权谋私、中饱私囊的政府大臣和地方官等中间势力,拯救深陷涂炭之苦的人民,使其"沐浴圣化之中"。

农民战争由此开始,目标直指汉城。全琫准等人计划以武力消灭中间势力,直接向国王陈述衷情,请求改革弊政。农民军于4月28日返回古阜,驱逐李容泰,又于4月30日在白山召开大会。泰仁的大接主金开南也率兵出席,总兵力达到六七千人。会上,全琫准被推选为大将,孙化中、金开南等人担任总管领。徐璋玉在忠清道组织起农民军,等待全琫准部队北上。起义军在此时发布了四条行动纲领,即"弗杀人,弗伤物""忠孝双全,济世安民""逐灭倭夷,澄清圣道""驱兵入京,尽灭权贵(闵氏政权)"。

除竹枪外,农民军还用弓箭、枪、火绳铳等武装自己,纪律极其严明。他们组织起身着红服的军乐队,举着写有出身邑名的旗子,整然行进。士兵在胸前写着"同心义盟"四字,肩上贴着护身符,符上的"弓乙"二字系出自东学仙药。农民军沿着泰仁→院坪→泰仁→扶安→古阜→井邑→兴德→高敞→茂长→灵光→咸平→长城→井邑→院坪→金沟→全州的路线进攻,所到之处无不受到热烈欢迎。农民军有十二条纪律:"降者爱待,困者救济,贪官逐之,顺者敬服,饥者给食,奸猾息之,走者莫逐,贫者赈恤,不忠除之,逆者晓谕,病者给药,不孝刑之。"该纪律虽有一定的处罚条目,但这并不能证明农民军秉持严格的惩罚主义。

因此当官军来了的传言散开时,农民军立刻军心涣散,甚至出现了逃兵。好在5月11日,农民军在古阜近郊的黄土岘打败了由监营军、乡兵、裸负商组成的2 000多名官军,士气立刻高涨。5月6日,政府任命亲军壮卫营正领官洪启勋为两湖(全罗道和庆尚道)招讨使,派遣800京军镇压农民军。对国王抱有幻想的农民军很害怕与国王亲任的京军打仗,然而当5月27日农民军在长城黄龙村遭京军突袭时,竟然将其击退,取得了胜利。京军虽是新式武装,但士气极其低落。农民军于是向全罗道的监营全州进攻,守城军队毫无战意,农民军于5月31日无血入城。

二、甲午战争与朝鲜

中国与日本的出兵

此时在修改条约问题上，对外强硬派在日本帝国会议中的势力正在增强。对于苦无良策的伊藤博文内阁来说，朝鲜农民战争的爆发是个好消息。伊藤博文不想师出无名，现在正好有了保护侨民的出兵理由。1894年3月28日，金玉均在上海被受命于闵氏家族的洪钟宇暗杀，这一事件使日本对外强硬论进一步高涨。金玉均在当时被誉为国际政治家，在日本非常有名。金玉均前往上海是为了针对朝鲜的改革问题与李鸿章进行谈判，然而这次谈判不过是串通好的鸿门宴罢了。其遗体被引渡给了朝鲜政府，死后依然遭凌迟。从金玉均的惨死可以看出，闵氏家族对他的仇恨非比寻常。

另一方面，朝鲜政府向中国请求支援这一欠考虑的做法最终引来了日本的出兵。对镇压农民军缺乏信心的洪启勋于5月23日向政府发出求援，此即这一事件的导火索。兵曹判书闵泳骏与袁世凯进行了协商，于6月1日得到国王同意。6月8日，清军在牙山湾登陆。25日，第一次出兵结束，兵力2800，驻扎于牙山、公州一带。日本在6月7日接到中国驻日公使汪凤藻的出兵通告。汪凤藻的这一做法是在履行《天津会议专条》所规定的出兵通知义务。然而就在朝鲜国王决定请求中国出兵的第二天，即6月2日，日本政府决定以保护公使馆和侨民为由出兵朝鲜。

日本政府认为，出兵的依据是《济物浦条约》中关于保卫日本公使馆的规定。但是，《天津会议专条》的签署标志着《济物浦条约》丧失效力，只是一纸空文。7日，日本向中国发出出兵通知。10日，公使大鸟圭介率420名陆战队队员进入汉城。15日至16日，一个按战时编制编成的混成旅在仁川登陆，兵力8 000。如果仅是保卫公使馆和侨民的话，500人就已经足够了，但日本派出了远远超过中国的兵力，这说明日本从一开始就做好了战争的准备。

全州和议

我们回头再来看看农民军的动向。农民军到达全州时人数已达5 000人。洪启勋率士气低落的政府军追赶农民军，晚一天（6月1日）到达全州，并立刻展开攻击。此时的官军由增员的壮卫兵为主，京军1 000人、江华兵400人、清州兵200人，总兵力达1 600人。

政府军在全州南部能够俯瞰城内的完山（海拔183米）摆阵炮击。处于劣势的农民军立刻发动总攻，牺牲数百人。6月6日，农民军再次发动总攻，依然没有成功。

农民军顿失战意，急忙开展休战谈判。农民军称全琫准已经战死，于6月11日向国王提交27条弊政改革请愿，并以此为条件接受了和议，此即"全州和议"。和议之所以能够达成，是因为无论农民军还是政府军，都没有把握取得决定性的胜利。而就农民军而言，农忙季节即将到来，这是他们最大的顾虑。而且双方得知中日两国已出兵朝鲜，他们察觉到了战争的危险气息，这是和议的决定性因素。

日朝战争与开化派政权的建立

全州和议达成后，中日两国军队失去驻扎朝鲜的名义，因此迅速进入撤兵谈判环节。本来朝鲜政府要求两国都撤兵，但日本在对朝支配权上与中国发生争执，并想以此做个了断。为了找到开战的借口，日本提出由中日两国共同进行朝鲜内政改革。自认为是宗主国的中国自然拒绝了这一提案。而朝鲜政府则想自主改革，并于7月13日设立校正厅。

7月17日，日本单独向朝鲜政府发出内政改革通告。20日，日本向朝鲜政府发出最后通牒，要求解除与中国的宗属关系、清军撤离。答复期限已过的7月23日一早，日本突然以强大兵力悍然占领王宫，瞬间打倒闵氏政权，捉国王为人质，命大院君执政，逼迫国王"委托"日本驱逐驻扎在牙山的清军。为了得到朝鲜国王的"委托",并以此为借口对华开战,日本必须首先对朝鲜开战。

25日,日本在牙山湾外的丰岛海面奇袭清军舰队。早在8月1日宣战前,中日两国便迅速进入了战争状态。27日,日本组建由大院君执政、以开化派金弘集为首班的亲日开化派政权。该政权以军国机务处取代校正厅,推进所谓的甲午改革。

日本统治朝鲜

7月29日至30日,日本军队在牙山战役中打败清军。9月15日至16日,日本军队又在平壤之战中击退清军。9月17日,日本军队在黄海海战中给予中国北洋舰队以毁灭性的打击。其后,日本军队于10月下旬进入中国领土。甲午战争已决出胜负。

为确保在朝利权、有利推进战争,日本强迫开化派政权于8月20日签订《日朝暂定合同条款》,于26日签订《大日本大朝鲜两国盟约》(《日朝同盟条约》)。依据以上条款,日本不仅使对朝内政改革合法化,同时还获得了京釜(汉城—釜山)、京仁(汉城—仁川)铁路和通信利权,使朝鲜承诺开放全罗道沿岸港口,同意依据两国盟约,尽最大努力确保日军军粮。

朝鲜对日本的利权掠夺行为和战争协助要求做了各种抵制。首先,统治阶层出现了反日上疏等批判开化派政权的上疏活动。

再有，黄海道、平安道等地一些地方官与清军合作，采取反日政策。民众方面，黄海道、平安道等地士兵出现加入清军的动向。在日军进军的路线上，民众拒不配合日军征发物资和人夫，逃亡也是常态。

农民军还大规模切断日军电线，阻碍日军的情报通信。这在甲午战争时成为日军的最大障碍。农民军还占据了全罗道全境，实行自治。无论对日本还是开化派政权来说，自治一事都非同小可。

都所体制

全州和议虽然并非出自农民军本意，但其后农民军分散在全罗道各地，在各邑实行自治，践行和议时提出的弊政改革方案。庆尚道、忠清道等东学势力较强的地区也开始实行自治，史称"都所体制"。所谓都所，就是设置在各邑的农民军自治本部，有时也指自治负责人。全琫准任大都所，作为农民军自治的总负责人在全罗道各地巡回指导，其所在之地也被称作大都所。观察使的任务主要是视察一道、观察邑政，全琫准的作用正与之相仿。顺便说一句，南接派最高领袖徐璋玉曾在全州和议后贸然前往汉城，被捕后遭受拷打，几乎丧命。都所体制实行后，徐璋玉再也没有公开露面。

都所组织由书记、省察、执事、童蒙等组成。军事组织铳炮队由骑炮将、一炮、二炮等官阶构成。另有议事员若干以及名为"议会"的协议议决机构。此外还设都察一职,负责调解都所之间、东学教徒和普通人之间的纠纷,同时监察都所。都所使用"济众义所"印章发布指令和命令。其自治运营已高度组织化。

都所改革与执纲所

在都所体制下,农民军不再寄希望于国王践行弊政改革案,而是在尊重国法的前提下自行推进激进的政治改革。具体内容包括,为实现平等主义和平均主义解放奴婢、贱民,废除苛捐杂税,惩罚横暴的两班和富民,废弃公私债务,停止缴纳地租,站在民众的角度处理各项诉讼等。

山讼是都所体制时期引人注目的动向之一。风水说在朝鲜很盛行,如果先祖的墓地在风水好的地方,其子孙便可繁荣兴盛。因此有实力的两班频频没收民众墓地,而山讼就是与此相关的诉讼。都所体制时期,民众屡屡向都所提起山讼,同时还会用武力抢走两班的墓地。

农民军中有一小部分富民和大部分普通农民,他们大多会在农忙时回到家中。农民军的主体明显是由贫农、无产者、贱民组成的。自治之所以激进也是因为这个原因。

这些底层民众的活动与农民军的流氓化只有一纸之隔。实际上也的确有胥吏为了保命而倒戈农民军,其后反而进行非法掠夺的事件发生。对农民战争全权负责的全琫准决不允许这样的事情发生,即便是当地士族(乡班)出身的领导人也不例外。而且5月22日上任的全罗道观察使金鹤镇也不能放任这一事态继续发展下去。全州和议后,他立刻要求农民军解除武装。但考虑到自己只有200名士兵,因此他转而提出"官民相和",认为将维持治安的任务委托给农民军才是上策。7月7日,金鹤镇与全琫准在全州举行会谈,会谈决定设立治安机构执纲所。可即便如此,农民军依然无法有效管理,因此8月6日,金鹤镇、全琫准再次举行了会谈。但是,影响力仅次于全琫准、盘踞在南原的金开南无视"官民相和",一直到最后都拒绝设立执纲所。此事进一步加深了全琫准的苦闷。

以前一说起执纲所,很多人认为它是农民军的自治机构,非常著名,但这是不对的。这是吴知泳写于殖民地时期的《东学史》广泛流传导致的错误认知。实际上,《东学史》有很多错误和虚构成分,当时也是以"小说"的名义刊行的。一般来说,执纲与村长(风宪、约正、尊位等)有别,是指监察村政和风教的人。而自治机构始终是都所,在本质上与执纲所有所不同。《东学史》虽是重要史料,但必须进行史料批判。其中写到的"12条弊政改革方案"就是虚构的。

三、第二次农民战争与日本

大陆浪人与全琫准

甲午农民战争刚一爆发,日本就有人想见全琫准。至少有天佑侠(7月8日)、海浦笃弥(7月20日)、参谋本部密探"日本人某"(9月2日)三拨人见了全琫准。其间全琫准均使用"金凤均""金奉均"等假名,可见他的慎重。日本人要求面见全琫准的目的有二,各时期有所不同。

天佑侠和海浦笃弥见全琫准是在中日开战前,他们的诉求是打倒闵氏政权、排斥中国。玄洋社可以算是日本右翼团体的鼻祖,而天佑侠则是玄洋社中以内田良平和武田范之为中心的14人别动队。他们为了自己的功名,鼓动农民军行动,并想以此为口实挑起与中国的战端。后来,天佑侠因散布自己领导了农民军的流言而闻名,全琫准对其几乎不予理睬。海浦笃弥是尾崎行雄门下的大陆浪人(在中国大陆活动的日本民间人士),于1890年来到朝鲜。他与全琫准进行了最为亲密的交谈。海浦笃弥是受立宪改进党人士之托来到朝鲜的,其目的与天佑侠相同。但是,全琫准想在秋天米谷收获后再次起义,因此他没有采纳海浦笃弥的建议。

最后是参谋本部密探"日本人某"。他受陆军炮兵少佐渡边铁太郎的指示，在中日开战后负责刺探农民军的动向。而渡边铁太郎则是受参谋本部次长川上操六之命，在朝鲜搜集情报。"日本人某"煽动全琫准打倒李氏王朝，全琫准听后面露怒色，堵住了"日本人某"的嘴。全琫准对国王仍有期待，而渡边铁太郎则想鼓动农民军发动针对国王的叛乱，再以此为借口一举葬送农民军。这应该是川上操六的意思。后来，川上操六也的确发动了旨在全歼农民军的"讨伐"。

大院君的密使

农民军之所以没有立刻再次起义，最大原因是农民军必须等到秋收后才能起义。同时，大院君重新执政也是很重要的原因。大院君在民众之间仍然受到爱戴，农民军在弊政改革案中也呼吁"国太公（大院君）监国"。既然大院君重新执政，那么再次起义就失去了名义。

但是，大院君不过是有名无实地坐在开化派政权之位，开化派政权也不过是日本的傀儡。因此他向农民军派出密使，促其再起。大院君的密使来到三南一带，敦促农民军和儒生奋起。但是行动以失败告终。庆尚道尚州欲响应大院君的只有一例，而且尚未付诸行动便夭折。安东的徐相辙虽然起义，但那是在大院君派遣密使之前。徐相辙等人被称为近代朝鲜最早的义兵，但并非真正意义上的义兵。

大院君与农民军的接触是从8月上旬开始的。大院君的密信内容是催促农民军北上,与北方的清军一起夹击日军。农民军摇摆不定,内部开始出现立刻起义的动向。大院君企图借农民军和清军的力量打倒开化派政权,废掉国王,立其孙李埈镕为新国王。全琫准并没有看清这一点,不过他对再次起义极为慎重,稳住了农民军的躁动。

但是平壤之战后的10月初,全琫准收到了大院君冠以国王名义的假密信。大院君认为自己的密信无法促使农民军举事,因此以国王之名伪造了密信。信中写道:"倭寇犯宫殿,祸及宗社,命为风前灯火"(《驻韩日本公使馆记录》卷八,《东学党事件所附会审之颠末具报》)。全琫准虽然下定决心按照既定方针在秋天起义,不过这封密信还是让他往前迈了一步。终于,全琫准下达了再次起义的命令。

朝鲜为政者的甲午战争观

平壤之战前的8月28日,大院君向平安道观察使闵丙奭发出书简,指示他请求驻扎平壤的清军击退日军,"廓清奸党附日卖国之徒"。国王以及大院君长子、宫内府大臣李载冕也同时送来主旨相同的书简。9月1日,总理大臣金弘集也向闵丙奭发出书简。金弘集在信中说,局外中立已不可避免。开化派的中立化工作一直持续到了甲午战争前夕。6月6日,俞吉濬和金嘉镇还曾请求日本公使馆馆员国分象太郎为朝鲜中立化提供帮助。

国王、李载冕、金弘集等人派遣密使还有另外一个意图,就是在清军胜利时制造政治意义上的"不在场证明"。而这一点也牵扯出了他们的真实想法,即宗主权强化的中国虽然令人厌恶,但日本更加危险。从朝鲜的角度来看,甲午战争从某种意义上来说也是中国对日本侵略朝鲜的防御战争。

农民军再起

全琫准得到全罗道观察使金鹤镇的合作,将其任命为运粮官。全琫准拿回被收缴的部分武器,于11月上旬命令南接农民军由参礼北上。为了等待秋收完全结束、完善准备工作,农民军迟于原定日期出发。第二次农民战争的目标并非反闵氏政权,而是反日和反开化派政权。而且全琫准等农民军主力还将自己定位成了"忠君爱国"的义兵,这些人可以说是近代朝鲜最早的义兵。

但具讽刺意味的是,10月24日,国王发出"讨伐"农民军的旨意。日本强硬逼迫国王和开化派政权镇压农民军。日本军队以南小四郎少佐率领的后备步兵独立第十九大队为主力,约2 000人，兵分三路由汉城南下，另有一批日本军队从釜山前往全罗道和黄海道。朝鲜方面也派出3 000兵力，地方监营军和民堡军（义勇兵）也有派兵。全琫准和农民军本来抱着一君万民的理想发动起义，却不料遭到彻彻底底的背叛。

第一次农民战争以来，东学教门中央一直反对起义。但第二次农民战争时，全琫准号召教门共同起兵。对此，一部分北接响应号召，但南接与北接的纷争在第二次农民战争期间仍在持续。比起第一次农民战争，第二次农民战争中的农民军飞速壮大。全琫准再起时已拥有4 000兵力，到达公州后，兵力猛增至40 000。

11月20日，农民军打响了与日朝联军的战斗。守卫公州的日朝联军约有1 000人。战斗一开始对农民军有利，但农民军在22日的激战中败退下来。其后的12月4日，农民军再次发起进攻，并于翌日发起总攻。几天来，双方共发生战斗约50次，农民军的果敢勇猛令联军颇为胆寒。但是由于双方在武器的质和量上存在差距，因此农民军不得不采用人海战术。最终，农民军于7日败退下来。

农民军的败北

农民军被追赶到论山鲁城，于12月11日在恩津大败。21日，农民军再次在金沟集结数万军队进行抵抗，但仍然失败，大部分士兵被打散。全琫准率剩余的8 000人退到泰仁，23日激战后彻底丧失战斗力。全琫准不得不解散军队。28日，全琫准在淳昌避老里被捕。

金开南和孙化中等人的部队也在全琫准部队败北前后败退。12月7日，金开南在泰仁被捕。由于金开南不肯隐瞒与大院君的关系，因此被取代金鹤镇任全罗道观察使的李道宰处死。忠清道、全罗道的农民军在撤退到朝鲜半岛的西南岛屿后被全歼。

在第二次农民战争中，农民军的活动范围涉及半个朝鲜，不仅三南地区，还波及江原道、京畿道、黄海道。黄海道有大量"伪东学党"起义，一度夺取地方政权，参加起义的农民达数十万，牺牲者众多，至少有5万人死亡。川上操六曾下达惨无人道的命令："应悉杀戮。"对于川上操六来说，农民军切断电线是不可容忍的。虽说朝鲜军队也参加了"讨伐"，但那是在日军的指挥下行动的。第二次农民战争是近代日本第一次在海外进行的、针对民众的大屠杀。明治的"荣光"是朝鲜的"屈辱"，它建立在朝鲜民众的悲剧之上。

全琫准与民众

全琫准被捕后被引渡给了日军，之后被送至汉城。经审判，

甲午农民战争领袖全琫准（左三，1856—1895）

死刑判决于 1895 年 4 月 23 日下发。孙化中、崔景善、金德明、成斗汉等人被一同处斩。天佑侠等日本人非常钦佩全琫准的为人，请求留其性命，井上馨也出手相助，但全琫准拒绝了他们的帮助。全琫准曾坦言自己没有那样的"卑劣之心"。全琫准本就决心赴死，只不过蒙受"逆贼"的污名才是他所遗憾的（《东京朝日新闻》1895 年 5 月 7 日刊《东学党巨魁的审判》）。

甲午农民战争是近代朝鲜史上划时代的民众运动。它以儒教民本主义的政治文化为背景，试图通过武力消灭中间势力，诉诸一君万民的逻辑来实现民众的要求。虽然战争不足半年，但其间实行的民众自治开辟了朝鲜历史的先河。

但是，当一君统治无法解决事态时，民众便脱离了农民军干部的领导，将激进的改革作为目标。全琫准对农民战争的整个过程负有责任，从他的立场来说这是完全不能容忍的。但是，民众想依照自己的意志去实现自己描画的乌托邦，他们沉醉在乐观的情绪中，认为改革即使过了头，国王也一定会宽恕。

全琫准以非同一般的"忠君爱国"思想和义兵意识发动了起义，而民众却急于实现乌托邦，两者意识存在明显的乖离。在过于憧憬乌托邦的民众心中，"忠君爱国"思想和义兵意识并非那样强烈。甲午农民战争将民众的民族主义暴露无遗，而且其中很大一部分带有原始民族主义色彩。这与近代民族主义略有不同，后者是将国家的命运和自身的命运视为一体。可即便如此，民众依然亲切地称呼身体矮小的全琫准为"绿豆将军"。整个殖民地时期，人们一直在用民歌惋惜他的死。"绿豆将军"甚至还演变成了传说。

四、甲午改革与日本

甲午改革

开化派政权在甲午战争的背景下推进着甲午改革。日本劝告朝鲜改革内政不过是为对华开战寻找借口，日本将力量倾注在了与中国的决战上,因此朝鲜的改革从一开始就是自主进行的。负责推进改革的军国机务处总裁由领议政金弘集担任,开化派的金允植、鱼允中、俞吉濬、金嘉镇、安駉寿等人作为议员发挥主导作用。特别是俞吉濬,因为他有留学日本和美国的经历,又具备当时首屈一指的近代知识,因此他的作用尤其明显。

军国机务处拥有对所有国政进行审议和决定的巨大权限,设立之初便致力于法令的制定。设立后的3个月里,军国机务处实际议决、颁布了208部新法令。第一,行政机构改革,在总理大臣下设立议政府,将传统的六曹改为内务、外务、军务、法务、学务、农商务、工务、度支八衙门,分离宫中和府中,新设近代性质的警察机构警务厅;第二,人事改革,废除科举制度,提倡无门阀、两班、常人之别,广泛录用人才;第三,改革身份制度和家族制度,废除两班、常人等身份,解放奴婢和贱民,规定寡妇再婚自由,禁止早婚,废除缘坐法(对亲属的连坐);第四,改革财政,财政机构实现度支部一元化,发行银本位新货币,将复杂的税目合并为地税、户税,使用现金缴税,统一度量衡等;第五,废止大清年号,采用开国纪年,以朝鲜建国的1392年为元年。

但是,自从1894年10月25日井上馨取代大鸟圭介就任公使,又于翌月就任日本顾问以来,企图将朝鲜变为保护国的日本进一步加强了对朝鲜的干涉。以日本人被雇佣为警察顾问为开端,大约有40名日本顾问被安排在了各衙门中。他们个个拿着高薪，不经他们"查阅"，行政便不能顺利执行。

改革的走向

其后，日本持续干涉朝鲜内政，这一时期的朝鲜政治甚至被称为"顾问政治"。不过，政治改革的方向已经确定，因此虽然受顾问指导，但开化派主导的改革仍在持续推进中。12月17日，金弘集政权重组，从流亡地日本、美国等地归国的朴泳孝、徐光范等甲申政变当事人加入政权。俞吉濬作为内阁总书仍然占据改革的重要位置。

第二次金弘集政权成立后，军国机务处被撤销，中枢院取而代之，实权从议政府转移到新设内阁，中枢院被定位为内阁咨询机构；设置由地方法院和高等法院（后改称平理院）组成的二审制法院，司法、行政分离，废除凌迟等拏戮法（残虐的死刑）；设置征税机构管税司和征税署，与行政机构分离；地方制度方面，传统的八道制改编为二十三府制，府（责任人为观察使）下置郡（责任人为郡守）；军政改革方面，废止壮卫营等四营，新设由日军训练的训练队。

1895年1月7日，国王携世子、王族、各大臣将终止与中国宗属关系的独立誓告文和《洪范十四条》敬告宗庙，公布全国。高宗誓言："今后不仰赖他国，恢复并隆盛国步，图生民之福祉，巩固自主独立之基。"高宗无非是在反省自己引发甲午农民战争的不德，表明自己作为一国之主实现一君万民理想的决心和重任，因此这一誓言可被称为贤君宣言。

5月21日，第二次金弘集政权因金弘集与朴泳孝不和而倒台，但政治改革仍在进行。5月31日，朴定阳政权成立。这一阶段的改革实际上是在朴泳孝的实权下进行的。其后的8月24日，第三次金弘集内阁成立。李范晋、李完用、安駉寿等贞洞派进入内阁。贞洞派是指出入位于汉城贞洞的俄国公使馆、美国公使馆的官僚。他们与欧美外交官交往，结成贞洞俱乐部，以高宗和闵妃为后台。为了牵制日本，新内阁创建了由美国人训练的侍卫队，这一点反映了贞洞派的意志。

甲午改革试图通过对国政各方面的近代化改革，来回应甲午农民战争中农民的各项要求。但是，薄弱的政治和财政基础决定了改革只能实现其中的一部分目标。而且激进的"自上而下"的改革并不能得到民众的支持。由于没有对小规模的农业和工商业加以改革和保护，改革反而遭到了民众的反对。农民最希望看到的是回归小农社会的土地政策，但甲午改革却从保护地主的立场出发，丝毫没有满足农民的期望。而且用现金缴税意味着农民将进一步被卷入商品货币经济中，贫困程度也会随之加剧，因此这些改革并不会受到欢迎。与甲午改革政权相反，民众是抱有反近代意识的。虽然政府制定了《乡会条规》（1895年10月26日颁布），承认里会、面会、郡会以推动自治，但其真实目的是摧毁当地士族的统治，因此这些条规最终变成了一纸空文。改革是在日本的干涉下进行的，这样一来近代化和侵略便叠加在了一起，这一点更加增大了反日（反开化）的可能性。

《马关条约》与脱亚的日本

1895年4月17日，《马关条约》(日称《下关条约》或《日清讲和条约》)签订，朝鲜的"独立"得到确认，中国与朝鲜的宗属关系被废除，辽东半岛、台湾、澎湖列岛被割让给日本，日本获得赔偿金两亿两。

但是俄、德、法三国认为，日本占有辽东半岛会威胁中国首都，也会使朝鲜的独立有名无实，于是进行了所谓的三国干涉。日本不能与三大国交战，因此于5月5日接受了谈判结果。日本不得不从根本上调整朝鲜的保护国政策。此时日本对朝鲜的势力渗透较之甲午战争以前有所倒退。而取代日本加速侵入朝鲜步伐的是俄国。

于是日本以"卧薪尝胆"为口号，将俄国当作假想敌。当时日本的资本主义发展尚不充分，它将统治朝鲜的重心放在铁路、电信、矿山、商港等基础设施的建设和资源的确保上。这是为了将来跨入帝国主义国家行列布下的棋子。但不管怎样，甲午战争的胜利使日本确定了走大国之路的方向。从本质上看，这是国家主义者福泽谕吉天真地鼓吹"日清战争等,皆为官民一致之胜利,其愉快、感激实难言表"(《福翁自传》)的结果。

日本脱亚已明显现出轮廓。日本人认为,甲午战争是对野蛮中国的"文野之战争",因此官民共同掀起了战争热潮。不仅有献金运动,民间还掀起义勇军运动和军夫运动。充满蔑视的"支那"称谓早在甲午战争之前就已经在日本国民之间定型,后来这个词还附着在"软弱""因循姑息""骄慢不逊""无能""不洁"等脸谱化的中国形象上。而"朝鲜""朝鲜人",比起"支那"地位更低,甚至成了"混蛋"的代名词。就连天佑侠成员铃木天眼也肆无忌惮地称朝鲜人是"近于野兽之一种者""人外之人"(《二六新报》1894年10月30日刊《意大利香肠》)。

虐杀闵妃事件

三国干涉后,反对日本干涉朝鲜内政、反对金弘集政权的势力开始接近俄国,国王和闵妃也想利用俄国阻止日本进入朝鲜。井上馨提醒他们归还根本还不起的300万日元贷款和电线,以此来阻止朝鲜王室靠近俄国,但最终以失败告终。另一方面,朴泳孝计划驱逐俄国势力,但因涉嫌企图暗杀闵妃,不得不于1895年7月6日再次流亡日本。

暗杀闵妃的计划是由当年9月1日上任的退役陆军中将、

日本公使三浦梧楼具体实施的。三浦梧楼命令宫内府顾问冈本柳之助挟持大院君，于10月8日凌晨指挥由日本守备队、公使馆馆员和流氓无赖组成的袭击暗杀部队侵入王宫。其主力为暗杀部队中的流氓无赖。部队在光化门附近与连队队长洪启薰率领的训练队发生冲突。训练队被击溃，洪启薰战死，紧接着侍卫队也被击溃。暗杀部队冲入王宫杀死宫内大臣李耕植，又在公使馆警察警部萩原秀次郎的指挥下袭击了闵妃的寝室，杀害闵妃，并焚烧其尸体。当人群聚集而来时，达到目的的暗杀部队趾高气扬地撤退了。

其实，受日本军队影响、由禹范善率领的训练队第二大队也被动员起来，加入了袭击王宫的行动。三浦梧楼原本想将暗杀闵妃事件伪造成大院君指示的军事政变，但侍卫队的美国教官戴伊将军（William McEntyre Dye）和俄国建筑师士巴津（A.J.Scredin Sabatine）目击了这一事件。

迫于三浦梧楼的压力，第三次金弘集政权被迫改组，亲俄派官员被解职，俞吉濬、张博等亲日派官僚被大量任用。第四次金弘集政权组建后马上进行了军政改革，在汉城设立亲卫队，在地方设立镇卫队，废除管税司和征税署，恢复观察使和郡守的征税权，另设税务视察官，监督观察使和郡守的征税行为。改革略有后退，这是因为财政、人员以及意识都跟不上激进的改革。另外，内阁还采用太阳历，将1895年11月7日定为1896年1月1日。

金弘集政权虽然对改革进行了修正,但其改革意识仍然强劲。不过,这个政权已经完全丧失了正统性,正面临着巨大的困难。

事件的尾声及真相

无论怎样掩盖,也避免不了这一事件成为国际问题。日本政府不得已于10月17日召回三浦梧楼。19日,日本有关人员离开朝鲜。日本政府委托广岛地方法院和军法会议对其进行了处分。

在这一背景下,军事政变计划开始酝酿。11月28日,以前侍从林最洙、前侍卫队参领李道彻为中心的王室近侍与欧美派要人计划救出国王,打倒亲日派政权,以报"国母"之仇。站在他们背后的是贞洞派的李范晋、李完用、安駉寿等人以及王室近臣,这些人是被第四次金弘集内阁排除在外的人。然而当众人即将从春生门入城举事时,安駉寿告密,十几人被捕,加上后来被捕的共计33人。此即春生门事件。

得势的金弘集政权为了将虐杀闵妃一事蒙混过去,认定前军部协办李周会等三人为杀人犯,于12月28日处死。李周会在镇压第二次农民战争时建有"功绩",后经朴泳孝推荐出任军部协办。这次处决隐藏着金弘集扫除朴泳孝派的意图。三浦梧楼等人也因这次处决而获救。翌年1月,参与虐杀闵妃事件的全部48名成员均以"证据不足"宣布无罪。

一国公使几乎公然虐杀赴任国的王妃,这在世界史上是惊天动地、绝无仅有的事件。但是,该事件绝非三浦梧楼独断专行,其背后有大本营(日本战时最高统帅机构)进行操控。参谋次长川上操六成功取代实行对朝温和政策的井上馨,任命只懂军事的武人三浦梧楼为公使。朝鲜国王和王妃一心希望把电线还给日本,使日本撤兵,而三浦梧楼的任务就是让国王和王妃改变主意。不过,三浦梧楼的终极作战任务还是虐杀闵妃。事件发生前的10月5日,三浦梧楼从川上操六手中得到驻朝兵站守备队的指挥权,并获得首相伊藤博文的首肯。对于三浦梧楼近期将采取重大武装行动,各方其实都略有所知。至少可以肯定的是,三浦梧楼是在川上操六的授意下实施虐杀闵妃行动的。

义兵兴起

无耻至极的虐杀闵妃事件让朝鲜上下愤慨无比,人们对袒护三浦梧楼等人的金弘集政权的不满达到了极点。然而,金弘集政权的改革脚步仍未放缓,甚至还在1895年12月30日发布了断发令。断发令以激进的方式施行开来,人们在街头、城门处被强制剪去头发。卫正斥邪派认为，断发令伤害了受之父母的"身体发肤"，是舍弃小中华礼俗的"倭国"化。他们打出"尊中华，攘夷狄""为国母复仇"等口号，掀起反日、反开化义兵斗争。

1896年1月，义兵将领李春永在江原道原州发动起义，击破政府军。2月，李春永进入江原道宁越，联合从原州、堤川、平昌等地赶来的义兵，推戴儒林界重镇柳麟锡为大将。京畿道、忠清道等地也展开了义兵斗争。柳麟锡飞檄内外百官和全国百姓，使义兵斗争显示出全国化的态势。

义兵呼吁官僚停止亲日活动，加入义兵一方，同报国家之冤仇。他们在各地处置亲日的"倭观察使"和"倭郡守"，袭击日本官吏、军人、商人等，切断电线，破坏电线杆。不仅政府军，就连日军守备队也被要求出动镇压义兵。一部分东学余党也加入了义兵队伍。4月，东学余党在全罗道罗州与邑吏、将校等数百人起义，刺杀了开化派官吏、警官等。

义兵因倡议者的德望而集结起来，大多数成员是以农民为主的底层民众。民众虽也持有儒教中大义名分的观念，但德高望重之人的秩序观在其中起着至关重要的作用。德望如果低下，无论怎样挥舞大义名分的大旗，民众也很难集结在一起。义兵的势力是与义兵将领的德望和名声成正比的。

播迁俄馆

在汉城,贞洞派中的亲俄派李范晋、李完用等人抓住政府忙于镇压义兵的间隙,与俄国公使韦贝尔于2月11日采取行动,由俄国水兵护送国王转移至俄国公使馆。这就是所谓的播迁俄馆。李范晋因春生门事件流亡海外,不知何时回到国内,与韦贝尔密谋实施了播迁计划。贞洞派开始夺取政权。

播迁俄馆的同时,逮捕开化派政府大臣的命令一并下发。金弘集拒绝逃亡劝告,于光化门被捕,在被护送前往警务厅途中被巡检和民众杀死。农商工部大臣郑秉夏也是同样的下场。民众向其尸体投石块,被撕裂的尸体曝露在钟路道旁。"本已决心赴死",金弘集留下这句话后凛然受死(《梅泉野录》)。虽说金弘集依靠着信念推动着开化政策,但他忍受屈辱、借日本之威的行为仍是反民众的,其开化政策本身也让民众深陷水火之中。他是知晓这些责任的。

度支部大臣鱼允中逃出汉城,但仍被民众打死。内部大臣俞吉濬、法部大臣张博、军部大臣赵羲渊等人流亡日本,外部大臣金允植被流放济州岛。至此,历经一年半的甲午改革惨烈收场。这虽然是一场普通的军事政变,但掌权方将外国公使馆当作执政之所也是史无前例的。

亲俄派政权以朴定阳为总理大臣兼内务大臣,李范晋任法部大臣兼警务使,李完用任外部大臣兼学务大臣。政权一经成立便立刻废除税务视察官,再次赋予并强化了观察使、郡守的征税权,地方审判权也重归郡守。同时,政权还改二十三府制为十三道制,减少地方官员。无论怎么看,这都是一次与改革相悖的修正。与此同时,这也是改革不顺应现实,只以理念为指导所带来的恶果。1896年9月,议政府官制颁布,内阁改为议政府,首班改称参政。如此所示,新政权也做了一些只改名称而没有实际意义的修正。亲俄派政权仍带有守旧性。

播迁俄馆后,国王派出宣谕使,但义兵斗争并未因此平息。义兵认为,亲俄派政权也属开化派,本质上没有区别。5月,柳麟锡部队在忠清道忠州败北后,义兵斗争开始退潮。到了10月左右,义兵斗争时有发生。之后的1897年8月12日,断发令被取消。

第六章 大韩帝国时代

穿西式正装的高宗(1852—1919)

一、大韩帝国的诞生

建立帝国的愿望

《马关条约》签订后,为了明示与日本、中国的对等性,朝鲜萌生了建立帝国的愿望。其征兆已在1884年甲申政变时开化派巨头金玉均的构想中表现出来。而政府级别的讨论则是在甲午战争以后。为了明确朝鲜已脱离中国,日本公使大鸟圭介首先提出高宗称帝的建议。由于当时国王和大臣都表示反对,因此该建议没有得到深入讨论。到了1895年末,朝鲜仅是将"主上殿下"的称谓升格为"大君主陛下"。其间的1895年10月,称帝计划被提上日程。这是由日本顾问策划,为了明确朝鲜的"自主独立",摆脱日本之外的国家,特别是俄国而推进的。但该计划最终因美、俄、法等国的反对而流产。

再次讨论称帝并真正付诸实践是在1897年以后。此次是以朝鲜政府和国王为主体推动的。这年2月20日,国王从俄国公使馆回到庆运宫(德寿宫)。从这年春天起,不断有人上疏要求国王称帝。国王嘴上说"万万不可",但私底下却诱导官民上疏。这样一来便促成了上疏劝进运动的局面。

对此,列强中的俄国表现积极。国王回宫后,俄国的影响力超过了其他国家。俄国从防止其他列强干涉朝鲜的角度考虑,认为称帝为宜。同盟国法国也给予了认可。俄国的积极运作让英、美、德三国态度颇为冷淡,但因没有理由反对称帝,因此三国也予以了承认。曾经对称帝问题非常积极的日本虽不愿看到俄国若隐若现的身影,但也没有反对。曾经的宗主国中国认为朝鲜"妄自尊大",表示反对,但最终不得不予以承认。只不过,中国正式承认朝鲜为对等国家还要等到1899年9月11日《中韩通商条约》签订。

称帝是朝鲜王朝悲壮的誓愿。自从对女真族的清执服属之礼以来,朝鲜在秉持事大主义的同时,从未放弃自立的志向。

帝国化的政治文化

称帝是在舆论的基础上推动的。高宗接受称帝上疏时玩起了修辞游戏,称依照"六军(天子的军队)与万民之愿",不得已而从之。重视舆论是儒教民本主义的基础。高宗必须在尊重自古以来的儒教政治文化的基础上接受称帝。而且高宗充分认识到,一君万民思想已经成熟,并在甲午农民战争时达到了顶峰。正因如此,当初处理教祖申冤运动和甲午农民战争时才不能坚决镇压,而是采取宣抚和怀柔工作。逼迫朝鲜进行镇压的是日本,这并非高宗本愿。

也正因如此,高宗才能在第14号敕令(于《洪范十四条》翌日发布)中,恬不知耻地大谈"忠君爱国":"即使君要自主,也必须依靠民;即使国要独立,也必须与民同力。尔等庶民,一心唯爱国,同气唯爱君。"以一君万民思想为杠杆的称帝第一次成为了可能。

皇帝即位与帝国的逻辑

高宗于称帝之前的1897年8月废除建阳年号,改为光武。建阳是前一年甲午改革制定一世一元制度时所定的年号。因为甲午改革是在日本影响下进行的,所以改元意味着脱离日本而自立。同年10月11日,朝鲜国号改为大韩帝国,皇帝登基大典于翌日举行。

为再次表明自身继承天命,高宗的即位仪式在圜丘坛[14]举行。

由于忌惮宗主国大明,祭天仪式自朝鲜王朝初期被废止,因此此次即位大典有着这样一种意味,即让即将成为国民的臣民看到,天命继承人高宗是与上帝结成君臣关系的正统君主。

那么为什么一定要废除"朝鲜"国号而定为"大韩"呢?这是因为,"朝鲜"一词虽来源于古朝鲜,但它是建国之初由大明册封的国号。因此"朝鲜"称号并不符合帝国的身份。按照帝国的逻辑,帝国必须要有征服诸国、而后诞生的名分。最终,"韩"被采用。按照高宗的诏敕,自神话、传说中的檀君和箕子开国以来,朝鲜的领土便被分割,"互相争雄",及高(句)丽时马韩、辰韩、弁韩统一,是谓"三韩"。李朝时征服北方鞑靼、南方耽罗(济州岛),完成四千里的"一统之业"。然而该历史认知是错误的,其逻辑是分裂的"韩"从高(句)丽时代开始逐渐扩张,最终成为帝国,因此应称"大韩"。

《大韩国国制》

朝鲜就这样成为了大韩帝国。那么其国制又是怎样的呢?1899年8月,全文仅有九条的《大韩国国制》颁布,宣布大韩帝国为"自主独立的帝国",帝国政治为"万世不变的专制政治",皇帝拥有"无限君权",即统帅权、立法权、行政权、官吏任命权、外交权、恩赦权等一切权力。

《大韩国国制》绝非宪法,其中丝毫没有言及国家理念、臣民权利和义务,甚至是官员的权力。大韩帝国标榜"旧本新参",仍以儒教和民本主义为国家的根本法则,对臣民生命财产的保护也明确记录在了《洪范十四条》和第14号敕令中。《大韩国国制》不过是理所应当地实践民本主义、明示皇帝的权能、要求民众爱戴皇帝的文本罢了。

高宗的独裁

但是从朝鲜的王权史角度来看,《大韩国国制》明确彰显了一君万民思想所能达到的高度。在确立君主独裁体制方面,它具有划时代的意义。高宗可以依据《大韩国国制》在政治改革方面随意发挥领导力。随着闵妃被杀,甲午改革势力被清除,再加上1898年2月22日大院君去世,拥有强大发言权和决策权的只剩下了高宗。由于科举被废除,因此在官员的任用上尤其能够反映高宗的意志。

这样一来,保皇势力兴起,胥吏、贱民出身之人也能被任命为大官。他们只能以高宗的个人信赖为依靠,因此地位沉浮剧烈,而高宗则可以随意地利用他们。高宗还诱导在野人士上疏,制造舆论,任用崔益铉、许蔿等有德望的在野儒生,以此来怀柔保守势力。可即便如此,这些儒生依然坚决批判高宗的开化政策。不过,将这些不满的声音纳入到权力方,这正是一君万民体制下的人事政策的精妙之处。

二、独立协会运动

列强的经济扩张

甲午战争后,日本和中国的经济扩张竞争已见分晓。1896年,日本与朝鲜的贸易额为 15 473 712 日元,中国为 4 550 354 日元,相差 2.5 倍(信夫淳平《韩国志》1901 年)。日本摆脱了中间贸易,对朝出口的九成商品均为日本国产,其中棉布、棉丝的贸易比重占四成。朝鲜的外国商馆总数为 258 家,其中日本占 210 家,中国 42 家。中国自不消说,就连其他欧美列强也无法威胁日本的地位。而且日本人还进入朝鲜内地放高利贷,以朝鲜人的名义购买土地。

甲午战争时,朝鲜政府发布了《新式货币发行章程》(1894年8月11日),宣布发行新货币,并在新货币大量流通前,允许外国货币流通。这当然是受日本胁迫的。结果,日本货币大量流通,日本军队可以用日本货币自由购买物品。另外,第一银

表 2 向列强转让的主要利权（1896 年至日俄战争前夕）

列强	年月	转让的利权
俄国	1896.4	咸镜北道庆源及钟城的金矿开采权
	1896.7	咸镜北道镜城的煤炭开采权
	1896.9	茂山、鸭绿江地区和郁陵岛的森林采伐权
	1897.10	聘请阿列克谢耶夫（Kiril A.Alexeev）为财政顾问，并由其管理海关
	1898.3	设立韩俄银行
	1899.3	以蔚山、城津等地为据点的捕鲸权
美国	1896.3	汉城至仁川铁路铺设权（后转让给日本）
	1896.4	云山金矿开采权
	1898.1	汉城电车、电灯、自来水的经营权
	1899.9	开城至汉江之间的轨道车轨道铺设权
英国	1899.9	汉城至开城之间的马车铁道铺设权
	1896.4	聘请柏卓安（John Mcleavy Brown）为财政顾问，并由其管理海关
	1898.3	平安南道殷山的金矿开采权
法国	1896.7	汉城至义州铁路铺设权
	1901.6	平安北道昌城的矿山开采权
德国	1897.4	江原道金城的矿山开采权
日本	1897.4	江原道金城的金矿开采权
	1898.9	汉城至釜山铁路铺设权
	1899.1	接受美国对汉城至仁川铁路铺设权的转让
	1900.2	庆尚、江原、咸镜海域的捕鲸权
	1900.8	忠清南道稷山的金矿开采权
	1900.11	专卖人参的委托销售权
	1904.1	长节浦、珍岛浦、蔚山浦的捕鲸基地契约
法美英德日	1898.3	绝影岛北端的租借地权

行还从1902年5月起发行第一银行券,并在朝鲜流通。为了弥补与其他各国在贷款竞争中的劣势,第一银行利用第一银行券提供贷款。

日本在列强竞争中占据绝对优势,看上去稳如磐石。但如表2所示,各国列强均握有利权,而且高宗偏向俄国,俄国也多方运筹,计划在满洲和朝鲜巩固自己的地位。

独立协会与《独立新闻》

独立协会是具有近代性质的政治结社。独立协会虽然全面

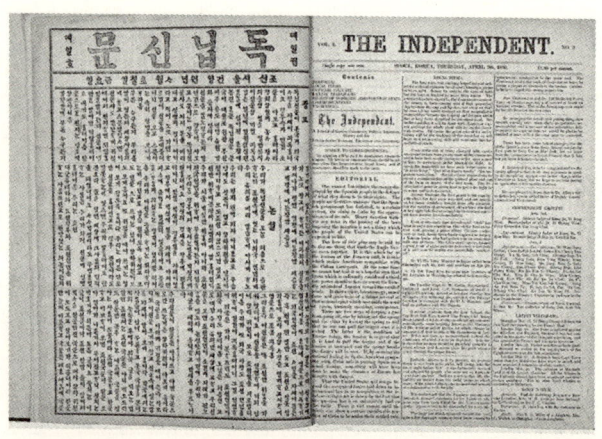

《独立新闻》创刊号 谚语版和英文版(1896.4.7)

支持标榜一君万民体制的大韩帝国,但它最终却挑起了与大韩帝国的斗争。甲午改革遭遇挫折后,为继承改革精神,独立协会于大韩帝国成立前的1896年7月2日成立,安駉寿担任会长。独立协会的目标是将独立馆的招牌挂在事大外交的象征性建筑物慕华馆上,推倒迎恩门,建起独立门。以贞洞俱乐部为主导势力的独立协会起初是带有政府翼赞性质的。

独立协会成立前的该年4月,以纯谚文书写的报纸《独立新闻》发刊。《独立新闻》由甲申政变的主谋、"五贼"之一、从流亡地美国回国的徐载弼担任社主兼主笔。当时已经成为医师、持有美国国籍的徐载弼受甲午改革政权之邀归国,投身启蒙活动。独立协会本来也是徐载弼主导创立的,但因其外国国籍无法担任会长,因此出任顾问。同时他还成为领受薪俸的中枢院顾问。

《独立新闻》在短短时间内由每周发行两期共300份,发展到日刊3 000份。报纸被民众轮流阅读,以汉城府民为中心诞生了大量读者。《独立新闻》在成立之初同样是政府翼赞性质的报纸,同时还发挥着独立协会机关报的作用。创刊号社论(1896年4月7日刊)中写道:"我们将不偏不倚,与任何政党无关,不分上下贵贱,只为所有朝鲜人和朝鲜,公平告知人民。"末尾又以"应对大君主陛下之圣德高呼万岁"为结语。毫无疑问,这是一份翼赞政府,同时又想君民一体、缔造国民的报纸。

独立协会的运动

独立协会的任务原本应在 1897 年 11 月 20 日独立门竣工时结束。但是自同年 8 月起,独立协会开始在独立馆每周举办一次讨论会。在这一过程中,独立协会的性质发生了转变。公开讨论会每次都有政府要人参加,讨论涉及政治、经济、社会各方面,讨论形式为自由讨论。这在今天看来,也绝非易事,这是朝鲜民主主义的第一步。然而,这只不过是朝鲜传统政治的发展形态罢了,因为朝鲜传统政治所高举的儒教民本主义是允许提出异见的。而民主主义也因为有这样一个宽容的基础存在,因此才能激进地开展起来。在这一过程中,独立协会逐渐加强

独立门 1897 年 11 月 20 日竣工

了自身反政府的性质。

得到历练的讨论会很快走上街头，发展成了以民众大会为形式的万民共同会。结果高级官僚离开协会，李完用因被指参与向外国转让利权而被除名。独立协会的主导权完全掌握在了继承开化派血统的徐载弼、尹致昊、李商在等人手中。

独立协会首先将全部力量倾注到了反对向列强转让利权的运动中。三国干涉及播迁俄馆后，在朝鲜扩张势力、显示出超越日本态势的俄国成了他们最大的目标。1898年3月10日和12日，独立协会分别召开一万人和数万人规模的万民共同会，要求解雇俄国的财政和军事顾问。政府被民众的热诚打动，同意了他们的要求。俄国不得不关闭刚刚成立的韩俄银行，放弃了正在具体落实的釜山绝影岛租借事宜。虽然高宗以俄国为靠山的想法没有改变，但他也只能屈从于独立协会。

在业已得势的独立协会中，主张调查利权转让问题的激进派崛起，他们虽然反对向列强转让利权，但对英、德、日警惕性较低。独立协会从其独特的势力均衡观出发，认为俄国及其同盟国法国更为危险。

献议六条

政府终于开始反击。政府解除了徐载弼中枢院顾问的职务。

5月14日，徐载弼被驱逐出境。俄国、日本对徐载弼也有敌意，美国缺乏保护他的信心，没能阻止他被驱逐出境。《独立新闻》由尹致昊接手。

独立协会深受打击，但他们没有放缓改革的进程。独立协会将批判的矛头指向了政府大臣。他们抨击当时负责王室财政的宫内府内藏院卿李容翊盘剥民众，一度使李容翊被流放，同时促使政府罢免了试图恢复拏戮法和缘坐法的7名守旧派政府大臣。

独立协会又很快开展了国政改革运动，要求设立议会。运动的巅峰是1898年10月29日召开的官民共同会。政府守旧派大臣建立的御用团体皇国协会等各社会团体也参加了这次大会。参加大会的包括官僚、绅士、学生、工人、商人、旧贱民等各阶层数万人。议政府参政朴定阳等政府大臣及要人也都出席了此次大会。尹致昊主持大会，议事开始。第一个发言的是被歧视部落的部落民、白丁朴成春。他讲述了自己对"忠君爱国"的感受。这一划时代的瞬间让人感受到了新时代的到来。这次大会通过了献议六条，朴定阳内阁表示认同并签字。其内容为：不依靠外国，巩固"专制皇权"；与外国签订的条约须政府各大臣及中枢院议长共同盖章；将财政统一于度支部，公布预算及决算；公审须在被告自白后进行；敕任官的任命须向皇帝咨询，并获得政府过半数同意；实践章程（改造中枢院的议会设立案）。

独立协会的危机

然而守旧派赵秉式诬陷称,独立协会正在谋划建立共和政府,朴定阳当总统,尹致昊当副总统。结果11月5日,朴定阳内阁倒台,赵秉式、闵种默等人组成的守旧派内阁诞生。新政府立即下令解散独立协会,拘留李商在、郑乔、南宫檍等17名干部。

事实上,独立协会中以会长安駉寿为中心的一部分人的确在谋划让流亡日本的甲申政变首谋之一朴泳孝回国夺取政权,逼高宗让位,请皇太子代理听政。但该计划早在1898年初便泄露,安駉寿流亡日本。11月时,担任会长的是稳健派的尹致昊。在逃亡的尹致昊的授意下,独立协会会员和汉城府民立即举行万民共同会,控诉政府非法解散和拘留。10日,控诉取得胜利,拘留者被释放,高宗承诺实施献议六条中的一部分。

尽管如此,激进派主导的万民共同会依然没有解散。于是,由皇国协会组织的褓负商在吉永洙、洪钟宇等人的指挥下,于21日袭击了万民共同会,上演街头大战。吉永洙是白丁出身的占星师,洪钟宇曾经暗杀金玉均。翌日,街头大战再起,万民共同会方面死伤数十人。赵秉式、闵种默等人家宅被袭击,事态已经到了难以收拾的地步。

解散独立协会

因此高宗于当日决定更换守旧派内阁，命朴定阳为新内阁内部大臣，撤销对尹致昊的逮捕令，允许重建独立协会，将赵秉式以及指挥裸负商的洪钟宇、吉永洙等人处以流刑。高宗这样做是因为，绝大多数汉城府民都站在了万民共同会一边。26日，高宗亲自前往仁化门，向双方阵营下亲谕，允许重建独立协会，承诺实施献议六条。

皇帝为了平息事态亲自在臣民面前发表演说，这十分具有朝鲜特色，也可以说是对一君万民理念的一种实践。独立协会会员感激"圣恩"，泣不成声（郑乔《大韩季年史》上、菊池谦让《近代朝鲜史》上）。日本自不必说，即使在中国也不会发生这样的事情。这充分说明了朝鲜王权贴近臣民的特点。

然而，事态发生了逆转。独立协会激进派仍然开展万民共同会。在经过议官改选的中枢院中，朴泳孝被选为11名候补大臣之一。感受到强烈危机的高宗于12月23日派出军队，强行解散万民共同会，又于25日发出"民会"禁压令。独立协会虽一息尚存，但终于在第二年的1月被消灭。一部分激进派分子为了反击甚至计划实施炸弹袭击，被发觉后流亡日本。

独立协会的思想

独立协会的运动终结了,设立议会的运动也以失败告终。这场运动试图在大韩帝国政府推进的"旧本新参"的路线上,构筑起强大的整合体系,即国民国家体系。献议六条第一条主张的"巩固专制皇权"并非与"皇帝大权"同义,也并非如字面所示那样,标榜皇帝专制政治。这与《大韩国国制》标榜的"无限君权"有龃龉,独立协会很关注民权的伸张。

但是,独立协会也受到愚民思想的强烈束缚。独立协会运动的确标榜立宪代议政体,但其议会构想来自于精英思维,即认为应该改革中枢院,50名议官由官选议官和独立协会会员各占一半。独立协会认为不能马上给予民众参政权,且强烈警惕东学和义兵。他们的愚民思想也具有儒教民本主义的特征。

独立协会从近代文明至上主义的立场出发,肯定了弱肉强食的现实,将从属于列强视为竞争的结果和文明的进步。具体来说,就是在资源开发的名义下,使西欧列强的殖民地统治合理化,非难反帝民族运动是"蛮民"行为。这充分体现了最高领导人尹致昊的思想。他肯定了英国对印度的统治,认为朝鲜在文明国家的统治下进行改革是完全可行的,还认为朝鲜要想真正取得"独立",也许要花四五十年甚至一二百年的时间。实质上,这等于放弃了朝鲜的"独立"。

最后应该指出的是大韩帝国与独立协会的相似性，两者都试图依靠重组、强化地主制和发展工商业来建立由皇帝和官僚，或皇帝和中枢院（由官僚及独立协会组成）主导的强大的中央集权国家。但以下几点促使两者对立，即可否向列强转让利权；政权强化的独立协会让光武改革派深感危机；独立协会中的一部分会员及民众的激进化，导致光武改革派反制独立协会。

三、大韩帝国的政策

皇室财政的强化

甲午改革虽然规定由新设的度支部独掌财源，但实际情况并非如此。度支部掌握的仅仅是地税、户税，各种商业税及其他杂税都由农商工部和宫内府内藏院掌控。发生改变的仅仅是实物缴纳变为货币缴纳。皇室费用被纳入政府预算，但皇室财源却来自内藏院的税收。内藏院独自派遣征税员征税，征税员权限越来越大，除鱼盐船税、客主（金融、物资领域的中间商）课税、矿税、铁店税外，还向各种商业行为课税。红参更是实行专卖制。总之，大韩帝国时期的税收由政府系统的度支部和农商工部以及皇帝系统两部分组成。

而且内藏院还管理着驿土、屯土、牧场土等公田,因此皇室财政越来越庞大。相反,财政艰难的政府度支部典圜局不得不增发辅币白铜币。但由于没有本位货币,因此白铜币作为法币的价值很低,且不断下跌,通货膨胀越来越严重。于是内藏院将剩余资金贷给度支部。作为利益交换,内藏院掌握部分地税的直接征收权。

光武改革

大韩帝国推进的光武改革由拥有最强大的财政权限的皇室主导。实际上,宫内府下有很多与皇室行政无关的部门,如通信司、铁道院、西北铁道局、矿学局(负责矿山相关的实地教育事务)、管理署(负责管理山林、城堡、寺刹)、绥民院(负责发放通关文牒、出入境管理)、平式院(负责度量衡的统一和管理)、博文院(负责保管、整理书报等)等等。说到绥民院,为何出入境管理必须由宫内府负责?乍一看实难理解。其实,国家对出入境实行一元化的管理是国民国家的原则,只有皇室直辖才能充分显示大韩帝国的性质。在一君万民的理念下,臣民出入境必须由皇室亲自掌握。光武改革就是在这样的官府一体的体制下进行的。

要想推动近代化改革，必须要有财政支持。可是，即便将如此庞大的皇室财政全部投入改革事业，资金缺口仍然巨大。因此首先要做的就是"量田地契"。"量田地契"于1898年7月开始，内容包括丈量全国土地、向土地所有者发放地契以确保地税稳定等。这项工作具有创立近代意义上的所有权的性质。但是日俄战争的爆发让这项事业备受打击，即便此时已完成全国三分之二的土地调查。日本吞并大韩帝国后又重启了土地调查工作。

第二项工作是进行金本位制货币改革，设立中央银行。该计划诞生于1898年，但由于当时黄金保有量严重不足，而且无力阻止黄金流向1897年改为金本位制的日本，因此高宗和内藏院李容翊计划不加区别地向列强借款。而列强将贷款视为获取利权的好机会，因此互相掣肘，最终导致借款失败。日本对朝鲜借款的阻挠尤为露骨。日本想垄断利权，使朝鲜在经济上从属于自己。这样一来，想驱逐劣币，克服财政困难的大韩帝国不得不继续滥发白铜币，陷入恶性循环。不过，大韩帝国政府还是在1901年2月12日发布了《新货币条例》，宣布采用金本位制，后来又于1903年3月24日发布《中央银行条例》，试图设立中央银行。然而日俄战争的爆发使一切化为了泡影。

军队与军费

光武改革就这样在没有财政支持的情况下推进着。令人意外的是,财政支出的最大部分竟然是军费。大韩帝国时期,近代陆军在军制改革下建立。在元帅府(大元帅为皇帝、元帅为皇太子)下,中央设有侍卫队、亲卫队,地方设有镇卫队。日俄战争时朝鲜拥有士兵15 440人,到了1907年8月军队解散时只剩8 426人(《朝鲜驻劄军历史》)。

1896至1904年期间,军费占政府总预算比重分别为1896年的16.28%、1897年的23.8%、1898年的27.66%、1899年的22.37%、1900年的28.13%、1901年的41.02%、1902年的38.33%、1903年的39.46%、1904年的37.63%,占比很高。乍一看也许有人会说,这是违反民本主义的扩军路线。但即便是被卷入日俄战争时期,朝鲜的军队也只有15 000人左右,这只能说明从前的军队太过脆弱。面对日俄战争,军费增加也是不得已而为之的。

说到底,大韩帝国仍是标榜儒教民本主义的国家。虽然也有过施行征兵制的讨论,但由于财源问题以及担心这会妨碍工商业的发展而最终搁浅。即便到了大韩帝国时期,王道论中基于民本主义的"自强"思想也丝毫没有改变。

工商业政策

工商业发展政策由内藏院主导实施。在没有财源的情况下，这种发展伴随着诸多难题。内藏院规定，公司只有上缴钱款才能获得垄断特权。与此同时，由官员作为董事联署的官僚主导企业诞生。具有代表性的有大韩天一银行、大韩织造工场、苎麻制丝会社、釜山铁道会社、大韩铁道会社等。内藏院下属的西北铁道局由李容翊任总裁。西北铁道局虽为皇室官厅，但也开展企业活动，具有官僚资本主义性质。在一些企业活动中，商人组织会邀请官员空降成为董事，一方面接受内藏院管理，另一方面行使垄断特权。

在以上这些企业活动中，让李容翊倾注最多心血的是京义（汉城—义州）铁路的铺设。京义线的铺设权被转让给了法国，但由于工期已过，法国在1899年将该权利返还给了大韩帝国政府。李容翊倾尽西北铁道局之力，全线自主铺设。1902年5月，工程终于竣工。其间由于资金困难，工程屡屡中断。看到这一情况的日本曾想乘机取得垄断铺设权，但遭到李容翊的抵制和俄国的阻拦，未能如其所愿。后来的1903年8月，处于日本影响下的大韩铁道会社与西北铁道局签订铺设合同，日本以这种间接的方式取得了铺设权。从大韩帝国一方来看，这等同于转让了最为重要的利权，大韩帝国也感受到了来自日本方面越来越大的压力。

总而言之,光武改革因资金不足和借款失败没能取得可喜的成果。同时,改革主体势力脆弱也是一个问题。高宗一边牵制各方政治势力,一边坚持自己强力的领导权。这样的做法使保皇势力聚合离散,无法孕育出强劲的改革主体势力。在一君万民的理念下,皇帝独裁强化、臣权弱化,这反而成了政治改革的枷锁。

文明开化政策

光武改革也实行臣民化政策,但这与国民化,即近代化文明仍存在距离。

光武改革创设国旗、国歌、勋章制度,营造奖忠坛,祭祀甲午农民战争以来战死的将士,鼓吹"忠君爱国"思想;除设立小学、中学外,建立外国语学校、商工业学校、医学校、工业传习所、模范养蚕所、技艺学校等,向日本派遣留学生,推进教育事业;运营近代性质的法院,完善国立医院等社会资本;在首都汉城建造西洋式的宫殿和官府,向臣民展示国家的伟大形象;建造近代市民公园塔婆公园(现塔谷公园),用街灯、电话、电车、电影、剧场向人们展示近代文明,营造一种近代文明与皇帝和国家是一体的社会认知。然而,有限的财力仍然限制了以上项目的设立和实施。尤其是"忠君爱国"思想涵养体系的义务教育制度没能施行,这对于臣民化政策来说是最为致命的。

可以看到,民众对近代文明表现出了极大兴趣,甚至有人毫无目的地反复乘坐电车。但是民众的反动作用也很大。1899年5月26日,一名儿童被车轧死,愤怒的父亲与民众破坏、烧毁电车,还差点捣毁发电厂。时年久旱不雨,汉城民众之间立刻就有传言称,是电车把空中的水汽吸走了。民众对电车天真朴素的兴趣立刻变成了敌意。其后的1900年5月18日和1903年9月30日也发生了破坏电车的事件。后一事件甚至发展到了军人插手、日本人商店被捣毁的地步。对于近代文明,民众一直抱有一种违和感。

势力均衡政策

如上所述,光武改革绝对称不上成功,而同步进行的外交政策也终结于如同走钢丝一般的势力均衡政策。该政策带来的结果就是向列强不加区分地借款。列强在中国特定区域独占大面积租借地,看到这一动向的高宗为了阻止这一情况发生在自己身上,反而积极推进木浦、镇南浦、马山、群山、城津等地的开港政策,通过增加开港地,提供各国共同居留地,来建立相互牵制的体系。

这种势力均衡政策源于高宗的独特嗅觉,另一方面,这样的政策也决定了列强在朝鲜的力量均衡准则。英国在其中起着调节的作用。

但是,在朝鲜具有突出势力的仍是日本和俄国。两国相继于1896年5月14日和6月9日签署的小村-韦伯备忘录和山县-罗巴洛夫协定反映了俄馆播迁后的实际情况,明确了俄国的政治优势地位。俄国虽然只承认了日本对其架设电线的管理权,但实际上两国的政治、军事立场上大体是对等的。此前日本一直试图将朝鲜变为自己的保护国,从这一点来看,日本已经做出大幅度的让步了。

不过,1898年4月25日签署的西-罗仙协定确认了日本的经济优势。同年3月27日,俄国决定从中国租借旅顺、大连。为防止日本抗议,俄国做出了让步。虽说其中也有独立协会要求的因素存在,但实际上,俄国撤走财政和军事顾问、关闭韩俄银行等措施有着为西-罗仙协定布棋的意味。

高宗是贤君吗?

大韩帝国时期,没有人能与高宗比肩。以前要看大院君、闵妃脸色的高宗如今能够按照自己的意志开展政治,建立如上所述的体制。这是因为,高宗心中有真正实现一君万民政治的理念，这是当初英祖和正祖所追求的。高宗也时常自我反思，在主观上他也想成为一名贤君。

当时，外国使臣普遍将高宗视为愚君，但也有人如德尼一般，认为高宗是具有刚毅、隐忍、宽容品格的贤君。不过，当时袁世凯想要废掉高宗，德尼的话是为了对抗袁世凯而说的。正如对独立协会的处置朝令夕改所体现的那样，高宗虽继承了大院君善于谋略的一面，但他过于草率，思虑不足，没能清醒地审视周遭。而且，高宗在人事管理上人情味过重，导致宠臣频出、更迭不断，有时甚至会引发难以置信的事件。高宗一度认为可以从俄国公使韦贝尔手中获利，于是宠爱前译官金鸿陆，后又将其流放，招其怨恨。1898年9月11日万寿圣节（皇帝诞辰），金鸿陆在高宗的咖啡里投入鸦片，高宗虽无大碍，但皇太子李坧因此身体异常，终生体弱多病。

所谓的一君万民政治是以贤君为前提的，只有不断陶冶人格，构筑君臣之间不可改变的信赖关系，这样的政治才能成立。这种充满理想主义的君主政治有别于单纯的独裁政治。就高宗个人来说，君主的地位未免太过沉重。这一点在不久之后高宗与老奸巨猾的政治家伊藤博文的对峙中暴露无遗。

四、大韩帝国时期的民众运动

大韩帝国对民众的掠夺

为了推进光武改革,大韩帝国在借款不顺利时势必会强化对民众的掠夺。该政策同样是由内藏院主导的。

最让农民怨嗟的莫过于屯土、驿土、牧场土等公田被纳入内藏院的管辖。这意味着皇室地主式的盘剥进一步加剧,被划归为佃户的农民不仅地租负担加重,所受管理也进一步强化。其中也有普通农民的民田被纳入内藏院管辖,这在所有权问题上引起许多纠纷。

甲午农民战争时,许多保护小农的要求自下而上地提出来,此时不仅抹杀了这些要求,而且与全面接受农民军要求的甲午改革相比,简直就是历史的倒退。

在财政困窘的度支部管辖的郡内,进一步掠夺民众的情况并无二致。虽然1900年和1902年两度增税,但因地税台账不完善,实际收入并没有增加。当然,其中还有腐败地方官横征暴敛、巧取豪夺的因素存在,这一点与此前相比也没有改善。据1901年8月度支部调查,贪污公款的郡达110个。违法的郡守,新旧相加共200人左右。这些人为了免罪争相归还公款,仅两天就退回27万圆,不过其中可免罪者仅十数人(《大韩季年史》下)。

舆论的走向

独立协会取得了几次起诉政府大臣、使其受罚的胜利，民间也因此产生了揭发郡守的环境。当然，在以儒教民本主义为基础的一君万民理念下，本就可以轻松提起民诉和直诉，但独立协会运动所孕育的揭发文化是以报纸这种公器进行的，这一点具有划时代的意义。有时本来是民众向观察府、法院、法部等部门提起诉讼，但因被诉人有权有势，或与权势勾结，因此民众反而会被处以诬告罪。但即便是这样，民众仍然可以选择以匿名的方式诉诸报端。当时除了《独立新闻》，《皇城新闻》也颇有分量。但从全国来看，近代式的舆论仍然有所限制。大多民众仍旧依赖早已习惯的异议申诉式的政治文化。

当时发生了一起可以使人联想到这种政治文化的小事件。1900年8月，一个400人组成的奇怪组织进入全罗道井邑中的一个市场内。当局调查后得知，该组织"以无论何事均可代替万民诉诸郡衙为主义、目的"（《全罗道活贫党状况复命书》，《韩日外交未刊极密史料丛书》九）。可见在人们心中，将万民意志上达官府才是正确的请愿行为。

然而，民诉、直诉无效时只会引起民乱。民乱同样是以儒教民本主义为基础的一君万民理念下的政治文化。一君万民的理想在现实中只是一种幻想，它反而践踏了民众的期盼。但作为一种理念，它又顽固地存在于这个社会。这使得大韩帝国时期出现了各种各样的农民抗争，抗租、抗粮运动也在各地爆发。

接连不断的叛乱

特别值得注意的是东学余党的动向。大韩帝国政府强化洞约、五家统制等乡村统制制度，鼓励告密，计划将"东学余党"斩草除根。其中，第二代教祖崔时亨于1898年5月在原州被捕，7月20日被处决。另一方面，东学异端于1900年在黄海道的海州和载宁、忠清道的俗离山、全罗道的德裕山等地再次活跃起来，直到日俄战争前也没有被完全消灭。

其中，规模较大的运动是崔永斗和崔益西父子领导的、于1899年在全罗道北部爆发的英学叛乱。英学是为掩饰东学而起的名称，主要活动是假托基督教进行传教。5月27日，他们打出"伐倭伐洋，辅国安民"的旗号，在古阜、井邑、兴德、茂长、高敞等地起义，计划从光州向全州，进而向汉城进击。前一年2月，自称英学会会长、被认为是独立协会激进会员的李化三领导的民乱在兴德爆发。英学叛乱与这场民乱也有关联。

英学之外还有西学，这也是假托基督教的东学余党。西学徒众一方面假托基督教，得到西欧各国公使馆的庇护，另一方面又以富人为目标掠夺财产、掘冢、抢夺妇女、私债勒捧（强取债权文书）、凌辱士族等。

大韩帝国时期除东学余党外,还有民众企图叛乱。1898年2月和1901年5月,济州岛相继发生房星七反叛和李在守反叛,二者都是为了反抗大韩帝国强化征税而爆发的抗争。房星七在甲午农民战争后渡海来到济州岛,创立了与东学类似的新兴宗教南学,宣扬"开辟后天世界的无量乐园"之说。房星七反叛是以南学组织为中心的叛乱,同时兼具独立色彩。李在守反叛则兼具对基督教的仇教运动性质。与房星七不同的是,李在守对皇帝仍然抱有不切实际的期待。

义贼的时代

另外值得注意的还有义贼集团活贫党的活动。活贫党原本只是火贼团伙,但19世纪末,几个火贼聚在一起逐渐演变为义贼,在忠清道、京畿道、庆尚道、全罗道等广大地区抢夺两班富豪和富民财产。不管怎么说,他们在本质上就是盗贼,但这些人也会心血来潮似地将抢夺来的财物分给贫民。这一组织具有隐秘性,即便有虚假成分,但也的确标榜社会正义,这一点也反映了民众要求解放的愿望。

他们喜欢穿军服、警服,还给自己起伪官职名。这反映了他们倒错的国家权力愿望和保护民众的意识。甚至可以说,义贼也持有儒教民本主义思想。活贫党还公布了纲领性文书《十三条目大韩士民论说》,从小生产者、小商人的立场出发,主张反开化、反侵略,主观上具有实现社会正义、回归王道政治的目的。除活贫党外,大韩帝国时期还有许多义贼集团,他们当中的一部分很快便与义兵运动合流了。

儒教化近代国家的挫折

大韩帝国时期,朝鲜的地域社会还处于一种非常混沌的状态。明确来说,儒教民本主义的逻辑是以教化为中心,近代国民主义的逻辑是以纪律为中心。因此,实现国民化的近代过渡时期必须要对民众运动进行坚决镇压。法国革命时期对民众运动的镇压以及日本对反对新政起义的镇压即是如此。但是,坚持以儒教民本主义为国家根本法则、重视教化的大韩帝国并非一定要实行坚决彻底的镇压。这是因为,它既没有足以镇压的警察力量和军事力量,也没有进行镇压的坚定意志。

大韩帝国一直执着于"旧本新参",想要创立儒教式的近代国家。一般来说,近代国家以政教分离为原则,但大韩帝国选择了与之相反的近代国家建设之路。高宗想以儒教民本主义为途径推进近代化和臣民化,即国民化,但这种方式伴随着极大困难。一方面,政府财源严重不足。另一方面,儒教民本主义观念在朝鲜的地域社会和民众世界仍然有着深厚的基础,而且高宗到最后也不肯放弃儒教民本主义。从某种意义上来说,在近代国家激烈交锋的国际政治环境中,这就是一场固守自身传统、根本法则和理念的宏大却又危险的实验(挑战)。

第七章 日俄战争下的朝鲜

义兵组织中的少年

一、日本占领朝鲜

高宗的中立政策

以 1900 年义和团运动被镇压为分界线,列强基本完成了对世界的分割。但是俄国不肯撤出因义和团运动派出的军队,停驻满洲。自 1894 年 1 月法俄同盟结成以来,德国一直期待着远东问题激化,俄国陷入满洲泥潭。与此相对的日本和英国为了各自在朝鲜和中国的利益,于 1902 年 1 月结成英日同盟,与之对抗。受到冲击的俄国自 10 月起开始从满洲撤兵。

这一时期前后,在日俄对立问题上深感危机的高宗正式提出中立政策。该政策首先由 1900 年 8 月赴任的驻日公使赵秉式秉承高宗之意向日本提出,但遭到日本反对,俄国和美国也态度消极,因此以失败告终。其后的10月至11月,俄国财政大臣维特(Сергей Юльевич Витте)出人意料地向日本提出由列国共同保证的朝鲜中立方案,但仍遭到日本拒绝。

执着的高宗于1901年10月通过外部大臣朴齐纯再度向日本提出中立方案。说到底,日本需要的是日韩国防同盟方案,因此中立方案被断然回绝。非战时的中立方案无法得到承认,于是高宗于1903年8月向日俄两方派出使者,提出战时中立方案。日俄开战迫在眉睫,再这样下去朝鲜很有可能卷入战火。不消说,日本仍然拒绝朝鲜中立,而俄国因不打算与日本开战,因此也没有承认。

购买土地与日俄谈判

日本和俄国的对立因朝鲜土地买卖问题进入白热化。两国自20世纪以来便在朝鲜购买土地。为了获得不冻港、挽回满洲经营不善带来的损失,俄国在朝鲜积极购买土地。而日本则单纯以军事目的购买土地。切实推进土地买卖的两国在1899年至1900年期间,围绕马山浦周边的土地购买问题发生尖锐对立。俄国在关键时刻做出让步,避免了战争的爆发。而日本则确保了在马山浦的军队登陆用地。

自1903年起,两国的对立进入决战阶段。俄国没有撤出本应于同年4月从满洲撤出的第二批军队。不仅如此，俄国反而试图加强对满洲的控制。5月，俄国购买了鸭绿江河口位于朝鲜一侧的龙岩浦土地，建起建筑群，着手采伐森林。俄国无意进入朝鲜全境，而进入龙岩浦有着构筑防线、阻止日本进入满洲的意味。

双方剑拔弩张。1903年8月，两国举行谈判。谈判的难度可想而知。最终，俄国做出大幅度让步，提出近乎"满韩交换论"的提案，这一提案正中日本下怀。俄国一开始还提出了附加方案，要求北纬39度线以北为中立地区，但俄国最终放弃了该方案。就在这一提案传达给日本之前的1904年2月4日，日本召开御前会议（天皇亲临的重要国政最高会议），决定对俄开战。不过，即便这一提案在日本决定开战前传达给日本，日本大概也不会因此改变决定。这是因为，俄国提出禁止以军事目的利用大韩帝国领地的方案，而日本要求俄国撤回该提案。说到底，俄国这一小小的让步不足以打消日本开战的念头。开战论已在日本国内甚嚣尘上，到了无法压制的地步。自三国干涉以来，日本将"卧薪尝胆"作为座右铭，全国官民之间弥漫着一股开战的热潮，他们强烈期盼日本能够实现对朝鲜的军事统治。日俄谈判前的1903年6月24日发表的《七博士意见书》就是日本开战热潮的象征。

日俄开战

不想被卷入日俄战争的大韩帝国为了实行战时中立政策，在没有得到日俄承认的情况下孤注一掷，于1904年1月21日宣布局外中立，并获得英、德、法、意、丹、中等国承认。直到最后都不想开战的俄国在这一困难时刻也倾向于承认朝鲜中立。俄国认为，以朝鲜战时中立宣言为盾牌，可以掣肘日本，防止日本胁迫高宗采取军事行动。战时中立政策一度呈现出成功的迹象，尽管这种迹象仅仅维持了很短时间。

然而，日本继续无视朝鲜的中立。2月4日的御前会议刚一决定开战，日本联合舰队便于8日对旅顺港外的俄国舰队发起了先发制人的攻击。战争自此打响。在此前的6日，日本已经占领朝鲜镇海湾以及釜山、马山的电信局。与甲午战争一样，日本首先对朝鲜采取了军事行动。2月10日，日本以"保全韩国"为"大义"，发布对俄宣战布告，又于23日强迫大韩帝国政府签订《日韩议定书》。议定书签署后，日本又将自始至终都反对签署议定书、强烈主张中立的李容翊挟持到了日本。

至此，日本的野心暴露无遗。日本所渴望的"满韩交换"不仅停留在垄断朝鲜半岛利权和内政指导权层面，对整个朝鲜半岛实现军事占领才是日本的真实目的。如果日本仅仅希望垄断朝鲜半岛的利权和内政指导权的话，日俄战争也绝不会爆发。出于这种动机的战争绝非防御战争。

《日韩议定书》

《日韩议定书》共6条,大韩帝国政府接受日本的"施政改善"(第1条),条件是日本要设法保护大韩帝国皇室的"安全康宁"(第2条),同时保证大韩帝国的"独立及领土保全"(第3条)。重要的是第4条,即日本为保护大韩帝国皇室和领土免遭内乱及第三国侵害,可采取"临机必要之措置",大韩帝国"为使日本行动顺畅,充分给予便宜"。具体来说,这意味着日本"临机收容了军事上的必要地点",迫使大韩帝国全面协助日本参与日俄战争。大韩帝国已经丧失独立。

结果,大韩帝国全境都变成了兵站基地,电信通信机构被占领;庞大的铁路沿线地区和军事用地被强制征用;军用民夫被强制征调。日俄战争一开始,大韩帝国对日本的从属就已经是板上钉钉了。5月31日,日本内阁审议通过了《帝国对韩方针》,要求"于政事上及军事上收取保护之实权,于经济上继续发展我方利权",并制定军事、外交、财政、交通、通信、拓殖六大纲领。这也成为后来朝鲜殖民地化的基本政策。8月22日,第一次《日韩协约》缔结,目贺田种太郎与美国人须知芬(D.W.Sterens)分别被任命为财政顾问和外交顾问。日本顾问和参与官被安排在警察、教育、法律等各个部门,朝鲜自此走上保护国的道路。1905年11月,受聘的日本人达188人。

另一方面,日本需要一个以暴力手段保证朝鲜从属于自己的机关。3月10日,此前的韩国驻扎队被改编为韩国驻扎军。占领初期,驻扎军直属于大本营,驻韩公使和公使馆武官屡屡因指挥权问题发生对立。这是近代日本所特有的双重外交模式。因此8月21日,日本政府扩编驻扎军,废除公使馆武官。9月5日,长谷川好道晋升大将,任驻扎军司令官,地位显赫,直接隶属于天皇。这样一来,驻扎军司令官便可以越过公使,独掌朝鲜统治权限。在吞并大韩帝国之前,长谷川好道已经开始在朝鲜实行武力统治了。驻扎军一开始有9 000人左右,战争结束时已扩张到28 000人。此后,日本对朝鲜的军事统治一直持续到1945年日本战败。在大韩帝国被吞并之前,朝鲜实际上已经成为了日本的殖民地。

朝鲜人的日本观

日俄战争前,朝鲜对日俄两国都保持警惕,尤其是对俄国。因为俄国是一个在全世界赤裸推行帝国主义政策的国家,朝鲜深知俄国的侵略性。而且人种的差异也使俄国威胁论在朝鲜更为流行。

另一方面,朝鲜虽然也警惕日本,但国内有倾向认为两国同文同种,因此反而对日本有所期待。比如大韩帝国末期民族主义代表人物李沂发表在《皇城新闻》(1903年9月19日刊)上的文章《日霸论》即属于这一种。虽然他也批判日本称霸亚洲、侵略朝鲜，但他又对以日本为盟主的亚洲主义抱有期待。他认为《万国公法》可以抑制日本的对韩侵略。伊藤博文自不必说，就连对外强硬派的近卫笃麿也被他评价为"有良知的人"。

这种认知在《日韩议定书》签署后仍没有改变。《皇城新闻》以"慨恨之切"和"愤叹之情"对议定书进行了批判，要求废除议定书的上疏接连不断。但另一方面，在对俄保持强烈警惕的同时，朝鲜官民又对日本有着极其复杂的观念。官僚阶层认为，与其俄国获胜，不如日本获胜，说到底日俄两国都离开朝鲜才是最好的（H.B.赫尔伯特《朝鲜灭亡》上）。"朝野上下皆以为，倭尚为人，而俄为兽。若俄胜倭，则席卷南下，朝鲜人将灭亡，故皆祈倭胜俄败"（《梅泉野录》）。被发配到济州岛的金允植一边警惕着日本将朝鲜变为保护国，一边评价说，日本对俄开战"是世界上第一场义战"（《续阴晴史》光武八年三月二日）。

开战之初，俄军在朝鲜北部地区针对平民的财产抢掠行为十分严重。哥萨克部队四处出没，用朝鲜人从未见过的俄国货币强买粮食和饲料，妇女被迫逃进山中。与此相反，日军至少在战争初期还是相对守纪律的。

二、军律体制

日本人的横暴

日本军队一开始纪律严明,比起俄国军队,朝鲜官民还是相对欢迎日本军队的。但是对于朝鲜人来说,日本军队的进驻仍然引来许多麻烦。日本军队占据宫殿、官府、民居,随意使用军票,致使汉城人心惶惶。日本军队要求朝鲜南部各地郡守提供军需物资,驱使民众为其运送。

在这一过程中,朝鲜对日本的幻想逐渐破灭。至8月,金允植摒弃了日本义战观,承认大韩帝国没有任何国权(《续阴晴史》光武八年八月十三日)。翌年4月,金允植甚至慨叹"京外各所皆成日人之天地,规模甚大,总以虐杀我民为主"(《续阴晴史》光武九年四月十七日)。

日本的暴行罄竹难书。与军队一起进入朝鲜的日本小商贩借军队之威,旁若无人,横行霸道,对待外国人也不例外。日本人夫尤为恶劣,他们到处抢掠、施暴、虐杀,闯入普通民居,抢夺粮食、物品,挥舞日本刀斩杀一家老小的场景不断上演。他们结伙袭击村庄,抢夺米谷金钱,甚至凌辱妇女,为一点小事就射杀村民。他们还会冲入官衙夺取武器,恐吓、殴打郡守。如此无法无天,就连朝鲜火贼亦不能及。

面对这一事态,日本公使林权助、代理公使荻原守一大为苦恼,也斥责了人夫承包商的董事。但面对朝鲜时,他们却是另一番姿态。京釜线工程推行之际,他们接到报告称日本人夫在各地引发纷争。对此,日本官方谎称是朝鲜役夫伪称日本人夫挑起事端,因此反过来追究大韩帝国政府的责任。

军律体制的建立

朝鲜民众对日本产生反感只是时间问题。早在1904年4月,反日行动便频繁发生。民众给日本造成最大损失的是针对军用电线和军用铁路的行动。他们切断电线,盗走电信和铁道材料,或拆毁铺设铁路的机器。

日本以军律坚决防止这些破坏行为。军律于7月2日在汉城至元山、仁川、平壤之间施行。9日扩大到整个朝鲜。20日,军事警察遍布汉城内外,禁止举行危害治安的集会,对报纸实施事前检查,试图封杀反日活动。该军律即来来的"武断政治"(以武力为背景的政治统治)的原型。对于朝鲜民众来说,这是一种未知的政治文化。它与东学农民军和义兵所创造的基于教化主义的军律完全不同。

军律以严惩主义为宗旨,对破坏军用电线、军用铁路的人,或窝藏此人的人处以死刑,将保护电线、铁路规定为"全村民之责任"。9月21日，日本以破坏军用铁路罪在汉城郊外处死金圣三、李春勤、安顺瑞三人，以期杀一儆百。这次处刑在海内外引起巨大轰动，法国媒体甚至刊载了描绘处刑情景的图片。

军律体制的强化

军律在1905年1月6日扩大了处罚对象。在军事警察遍布的汉城内外，大韩帝国警察权限已等同于无。同年2月，警视厅第一部长丸山重俊被聘为警务顾问。3月，大韩帝国警察被置于丸山的监督之下。

军律也适用于间谍、利敌以及妨碍军人军属职务等行为，监督集会、结社、言论、出版的明文规定也同时出台。特别是军律适用于"妨碍我军征发、宿泊及人夫雇佣等，或拒绝应承者"这一条具有重要意义。拒绝征用将被视为"间谍"，甚至将面临死刑。也有人仅仅因为与俄国人交往、持有俄国货币就成了被处死的对象。

军律于同年7月和翌年9月被修订。修订后的军律更加细化，罚则更加严苛。此外，在建有要塞的永兴湾和镇海湾还分别于1905年7月和8月另行制定了军律。俄国军队屡屡南下的咸镜道甚至于1904年10月开始实施军政。1904年7月至1906年10月，因触犯军律而被处死的有35人，受拘禁、流放、笞刑、罚款者达257人。

掠夺军事用地

军事用地、铁路用地的征用也是依靠军律体制以暴力手段实施的。当初海军大臣山本权兵卫曾向外务大臣小村寿太郎传达命令,若朝鲜人因征收军事用地而蒙受损失,应给予补偿。小村寿太郎也向林权助传达训令,要求在征收铁路用地时支付合理的拆迁费。但实际情况是,朝鲜人收到的支付金额少之又少。

例如,征用龙山、平壤、义州975万坪土地作为军事用地时,日军仅仅准备了30万日元资金。其中10万日元用于征收日本人和外国人的土地,征收朝鲜人的土地仅用了20万日元。而且为了避免日后引发纠纷,这20万日元还是由大韩帝国政府担保,由大韩帝国政府以赔偿金的形式间接支付的。保守估计,如果975万坪土地中,朝鲜人的土地仅为900万坪,计算下来每坪的价格也不过2钱。假设当时的购买价仅为每坪30至60钱,那么日本所付金额只有普通地价的十五分之一至三十分之一。

日军在数月之内就将征用来的土地拍卖给了日本建筑商和商人。日本侨民也在这片土地上成长起来。与日军有关系的人下到地方,只要说一句"这是军事用地",该地便会被立刻征用。

日军明显征用了超其所需的广大土地,原本只要有如今土地的十六分之一就已经足够了。

征用役夫

与征用军事用地、铁路用地并行的,是日本强力推行的劳动力掠夺政策。由于道路不完善,日本在大韩帝国国内只能依靠朝鲜役夫运送军需物资。而且快速铺设铁路也需要大量征发朝鲜劳动力。

对铁路铺设役夫的征用尤为残酷。只要获得大韩帝国政府的认可,日本承包商就可以随意征用役夫。日本工头在村里来回转悠,以通常薪金的三分之一强行征用朝鲜人。不服从征用的人会被罚款,或受到军律的严厉处罚。如果被征发到远方,很多役夫还会因经费问题而破产。役夫的劳动环境极其恶劣,因为一点小事就被日本监工杀害的事件频繁发生。他们原本不应受到军律的制裁,但实际上,这些只能被称为奴隶的役夫在全国比比皆是。

到了1905年8月,日俄战争虽已见分晓,但开城府驻扎军司令部仍与府尹、郡守签订了15项役夫契约。契约明确规定,乡长、村长在征调役夫上负有连带责任,拒不应征者将受到严厉惩罚。这种征调方式就是后来朝鲜殖民地时代总力战(举国参战）体制时期所实行的"强制连行"[15]的原型。

在朝鲜人如同奴隶一般的劳动下，京釜铁路于1905年1月开通，京义铁路在部分桥梁尚未完工的情况下，于同年4月开通。京义铁路工程始于1904年3月，1906年4月全线开通，全长500公里，所用工期仅733天。两条铁路共计940公里，动员朝鲜役夫据估计共有1亿人次。

但是其中也有朝鲜人自愿应征役夫，这就是一进会。一进会原本是日俄开战后的1904年8月18日，由获得日本军部支持的宋秉畯创立的亲日团体。12月2日，在流亡日本的东学第三代教祖孙秉熙的指令下，李容九领导的民会组织进步会与之合并。东学正统教门中央在甲午农民战争后逐渐转向开化主义，在日俄战争期间演变为亲日派。宋秉畯长期居住在日本，献媚讨好日本人，丝毫没有爱国之心。以断发为条件，合同一进会由此诞生。李容九率众教徒的加入使一进会的规模迅速膨胀，在海内外拥有会员10万人。这一数字虽远不及一进会自称的100万人，但它仍是大韩帝国末期最大的政治团体和社会团体。

东学虽然仍属非法宗教团体，但合同一进会的诞生使其在实质上已经合法。原本敌视日本的东学反而以日本为后盾实现合法化，这实在具有讽刺意味。为了协助日本参战，一进会动员东学教徒无偿投身到艰苦的铁路建设中。这完全是背叛甲午农民战争理念的行为。但在东学教门中央的幻想中，对于朝鲜而言，日本要比俄国更值得信赖。

整顿货币

日本还在军律体制下实行了强硬的经济政策,即整顿货币。财务顾问目贺田种太郎于1904年11月废除典圜局,夺取大韩帝国政府的货币发行权。1905年1月,《货币条例》发布,第一银行与大韩帝国政府缔结关于处置国库金以及整顿货币的契约。结果,大阪造币局受第一银行委托制造的货币成为大韩帝国的流通货币。

当时朝鲜流通两种货币,一种是开港前就有的叶钱,另一种是开港后发行的白铜币。两种货币的流通范围不同,叶钱流通于庆尚道、全罗道、咸镜道以及江原道部分地区,白铜币以汉城为中心,流通于京畿道、黄海道、平安道、忠清道以及江原道大部分地区。叶钱的实际价值和流通价值相近,因此政府在没有引起太大混乱的情况下,通过逐渐交公和回购的方式收回了叶钱。

问题是白铜币。白铜币种类繁多,实际价值与通用价值不符,而且市面上还有许多私铸钱和伪造钱。兑换旧货币的工作于1905年7月1日开始。但是从新旧货币兑换规则的发布到实施只有3天时间。白铜币的兑换方式分为三种,分别为甲种兑换两钱五厘,乙种兑换一钱,丙种不可兑换。很多朝鲜人不知道兑换新旧货币的消息,而且政策规定不接受小额兑换,因此很多朝鲜人蒙受了损失。相反,日本人在开港地等地拒绝使用劣币交易，因此没有蒙受损失。其中也有日本人很早得到兑换消息，事先抛出劣币，大量回收良币，获取巨大利益。朝鲜有一种称为"於音"的票据，发行这种票据的商人有良好的信用，该票据因此得以顺畅流通。然而到了此时，"於音"也被宣布无效。一时间拒付情况频发，局面难以收拾。

在这一过程中有许多商人破产甚至自杀。商人们向政府请愿的同时也直诉皇帝，皇帝因此决定下赐35万日元内帑金。为了完善近代法律，1905年4月29日《刑法大全》颁布，明令禁止直诉。可即便如此，高宗仍然执着于一君万民的儒教君主形象，执意受理直诉以表怜悯之情。不过目贺田太郎阻止了高宗，用这些钱创立了证券组合，剩余部分则贷给了韩国天一银行。

后来，新货币作为大韩帝国法币成为本位货币，担当发行业务的第一银行变成了中央银行。此前发行的第一银行券除了辅币外仍可流通。日本通过将朝鲜完全纳入同一通货制度圈的方式，更加顺利地推行进出口贸易和资本输出，也更容易调拨用于殖民地统治的资金。其后，第一银行韩国支行将业务交接给了1909年11月开业的韩国银行，而韩国银行在日本吞并大韩帝国后的1911年8月变为朝鲜银行。

三、反日抗争

炸弹袭击事件

朝鲜官民以各种方式抵抗殖民地化。首先是中央,早在1904年3月29日就发生了一起以参与《日韩议定书》签署的高级官僚为目标的炸弹袭击事件。主谋是前铁道院监督吉永洙,现铁道院监督李圭桓、平壤联队队长崔洛周、参领李在华等人也有参与。受吉永洙影响的裸负商是实施这一行动的实动部队。

吉永洙出身白丁,目不识丁,因擅长占星术出入皇宫,受皇室宠爱,建立裸负商商会商务社。吉永洙曾在镇压独立协会运动时起到重要作用,品行不端,乃流氓之辈。但即便是这样的人,也认识到了日本的占领终将灭亡朝鲜,这是他所不能容忍的。或许应该说,正因为是这样的人,所以才无法遏制心中的激愤。这一点很像义贼的心性。

义举通文未遂事件

义举通文计划是全面抵抗日本军事占领的运动。该计划在各个领域内实施,仅1904年6月至7月就发现三起。首先暴露的是幼学金箕祐主导的、以"无法忍受沸激之腔血"呼吁十三道义举的通文未遂事件。平理院判事许蔿虽然接受了金箕祐共商大事的请求，但他认为时机尚早，于是中止了该计划。

随后暴露的是以许蔿、前议官李相夫、农商工部商工局局长朴圭秉、汉城法院首班判事金琏植、前参奉郑熏谟五人名义发出的排日义举通文事件。该通文揭露了日本吞并大韩帝国的野心，认为《日韩议定书》体制将为大韩帝国皇室和领土带来危机，而与俄国的战斗将使日本士兵疲惫不堪、国内舆论不一，因此应乘趁机举事。许蔿的名字虽然列在上面，但实际上他并没有参与。

这一时期，许蔿被视为反日官僚领袖，有的行动甚至不问其本人意见就冠上他的大名。就连前议官吕永祚策划的义举行动也希望许蔿能够签署檄文，但遭到许蔿的拒绝。而且有谣言称，高宗也参与了该计划。

高宗、重臣、名儒的动向

实际上，的确有很多人在做高宗的工作。1904年9月，后来殉国的闵泳焕弹劾亲日官僚的同时，还密奏高宗称，防御日本抢夺国权才是当前急务。与此同时，也有人光明正大地上疏高宗。最突出的要属铁骨铮铮的崔益铉。他数度弹劾亲日官僚，呼吁排日。1905年3月1日，一同上疏的许蒍和崔益铉受到驻扎军的调查。

高宗并非一定要响应这些呼吁，因为他一直在采取单独行动。高宗对以"维持现状""门户开放"为原则的美国抱有期待，于1904年6月通过驻日公使赵民熙向美国政府送去密函，请求其保护大韩帝国的独立。闵泳焕与原议政府参政韩圭卨秘密计划救出狱中的原独立会员李承晚，派其作为密使前往美国。1905年1月，李承晚与美国国务卿海伊进行会谈。7月，李承晚与牧师尹炳求一同谒见美国总统西奥多·罗斯福。但是，在亚洲拥有菲律宾殖民地的美国对日本很友好，因此拒绝了李承晚等人的要求。

能够依靠的仍然是与日本交战的俄国。高宗与众人意见不同，对俄国的认知一贯友好。旅顺陷落后的1905年2月7日，高宗向俄国沙皇尼古拉二世发出密函，请求俄国从朝鲜击退日本军队。在密函中，高宗慨叹列强不义，放任日本无视《万国公法》，在朝鲜实施暴行。同时他也表达了对俄国的期待。

义兵再起

诞生于断发令的义兵运动在日俄战争时期再度兴起。此次义兵运动的理念可见于1904年9月以"皇城义兵所大将金"的名义在江原道春川发出的通文中。通文谴责日本军队掠夺土地、征召役夫，号召义兵进军汉城。此时虽然没有形成真正意义上的义兵组织，但日俄战争下的朝鲜现状由此凸显出来。与此同时，洪川也出现义兵动向。他们以"为国报忠，为民保安"为口号展开实际行动。12月，柳麟锡指挥义兵在平安北道起事。同月，名为宗儒会的团体在全罗道各地起事，旨在打倒一进会。

翌年4月，京畿道、江原道、忠清道、庆尚北道等地兴起以"讨倭"为旗号的义兵。其后义兵运动逐渐扩大。8月，元容八在忠清北道丹阳起义。元容八队伍庞大，大约有1 000兵力，但很快被镇卫队镇压，元容八被捕，死于狱中。以此为契机，清风、京畿道竹山等地相继出现义兵动向。虽然日俄战争中的义兵运动普遍规模较小，有的甚至没有采取过实际行动，但这些活动至少为后来真正意义上的义兵运动开辟了先河。

地方官的抵抗

地方官吏展现出了与义兵运动不同的抵抗方式。日俄战争前夕，庆尚北道观察使李允用严禁将土地房屋卖给日本人，限制米谷买卖。日俄战争后，日本强制征用土地，于是金山郡守金海成转而破坏京釜铁路工程，并将向日本人出售或租赁土地房屋的朝鲜人抓进监狱。

已经实行军政的咸镜道也能看到地方官的抵抗。代理观察使李允在因不许民众帮助日本军队,蔑视军政,不供给物资而被罢免。但李允在拒绝交出官印,连续下发不利于日本军队的命令。1905年6月,"北间岛[16]监理使"李范允从茂山、会宁、钟城、庆源等各地方镇卫队征收毛瑟枪300支,组建射击队,亲自担任队长,阻碍日军行动。

普通士兵对日本也持有敌对意识。同年9月30日,公州六七十名大韩帝国士兵出于对日军的憎恨,袭击了日本商店,痛打日本巡查和日本官员。在这一过程中,碰巧在场的群山领事代理横田三郎被误认为是军人而遭到袭击。

民众的反抗

民众的反抗首先具有即时性。朝鲜人与日本人的纠纷已成常态。其中应特书一笔的是1904年6月,约300名朝鲜人打算袭击铁路承包商田中,最终被驻扎宪兵队镇压的事件。其余更多的抵抗表现在对铁路的破坏上。他们放置石块、投掷石头,有时甚至掀翻列车。1905年4月至1906年7月,仅投石事件就有55起。

民众还针对日军掠夺土地的行为展开请愿运动。1905年8

月9日，为反对征用龙山作为军事用地，十二洞洞民数千人拥进汉城府，哀求按时价征用、延期搬迁等。后来，哀诉发展到了咒骂政府无能的地步，请愿运动演变为暴动，民众开始出现扔石块等暴力行为，再加上宪兵队的出动，现场俨然成了战场，不断有人受伤，19人被宪兵队逮捕。第二天，请愿运动发展成向内部大臣的哀诉。吏员狼狈不堪，甚至有人为了逃避责任而失踪或辞职。另外，平壤还在日俄战争后的1906年5月爆发民众骚乱，控诉日军征用过多土地。

日本土地征用政策中，最为恶毒的要属林权助和原大藏大臣官房长官长森藤吉郎共谋的"大韩帝国荒芜土地开拓计划"。计划内容为日本受大韩帝国政府委托，以25年为年限由日本人开垦朝鲜的荒芜土地，以此永久垄断多达141万町步（1町步约合9 920平方米）土地。得知这一计划的宋秀万等人立即组织辅安会，许多官民加入其中，掀起全国性的反对运动。特别是1904年7月22日在汉城的举行3 000人大会。大会虽遭到宪兵队镇压，但大韩帝国政府坚决拒绝这一计划，日方因此只能放弃。

民乱兴起

民乱早在日本军事占领初期就已经发生了。木浦是日本补给物资的最前线，此地的朝鲜役夫在日俄开战前就已经出现了不稳的迹象。1904年4月,这种迹象终于发展成了骚乱,致使前来镇压的一个步兵小队不得不驻扎至年末。民乱不断在各地掀起,振威、龙仁、高阳、交河、善山、德川、新溪、谷山、始兴等地均有发生。

其中特别引人注目的是9月在京畿道始兴发生的民乱。这次民乱发端于郡守朴隅阳与日本人合作征调役夫,并向郡民征收相关费用。郡民按照传统的民乱规矩发动民乱,但郡守却请求日本人支援。当郡守将七八名日本人夫请到郡衙时,郡民义愤填膺,杀死日本人2人,打伤4人,杀死郡守及其儿子。

民乱的规矩是不能杀害禀承王命的郡守。这是以儒教民本主义政治文化为前提的、政府与民间默认的规矩。这条规矩被打破,意味着事态已经到了相当严峻的地步。因此当时有评论称"这是前所未有之变怪"(《皇城新闻》1904年9月16日刊《民扰毙倅》)。但是在民众心里,郡守与其说是皇帝的代理,倒不如说是日本的走狗。民众并没有摒弃对皇帝的崇拜,他们只是认识到,大韩帝国政府已经成了日本的傀儡。

对于朝鲜来说,日俄战争不仅仅是日俄间的战争,还是朝鲜民众与日本的战争。但是,由于东学异端派等拥有强大向心力的势力团体已不复存在,因此此时的民众反抗难成气候。甲午农民战争以来,民众之疲敝非同寻常,其战斗规模只能是零星有限的。

第八章 殖民地化与恢复国权运动

前往海牙的三名密使 左起分别为李儁、李相卨、李玮钟

一、日本推动朝鲜保护国化进程

日本与列强

日俄战争是帝国主义之间的战争,也是代理人之间的战争。日本的背后是英国和美国,俄国的背后是法国和德国。两国无力独自承担战争费用,只能各自依靠英美法的外债。两军被迫陷入苦战,且渐渐疲于应对持久化的战争。随着日本在1905年5月27日至28日的对马海战(日称"日本海海战")中获胜,日本艰难地取得了这场战争的胜利。

取得胜利的日本要求列强承认朝鲜是日本的保护国,这也是日俄战争的目的。日本政府已在先前的4月8日举行的内阁会议中审议通过了"韩国保护权确立计划"。日本首先要求美国总统罗斯福斡旋日俄媾和,同时于7月29日签署桂太郎-塔夫脱密约。日本承认美国对菲律宾的统治,作为交换,美国承认日本对朝鲜具有优势地位的统治权。8月12日,第二次英日同盟结成,英国承认朝鲜为日本的保护国。9月5日,日俄缔结《朴茨茅斯条约》,日本使俄国承认了其在朝鲜的卓绝利益,进而承认朝鲜为日本的保护国。

早在日俄战争打响时,日本便对朝鲜进行了军事占领,朝鲜在实质上已沦为殖民地。而此时,朝鲜面临的是名义上的独立危机。10月27日,日本政府内阁审议通过了确立大韩帝国保护权的具体实施计划,派遣日本政界最高实权人物、元老伊藤博文为特派大使赴朝。

缔结保护条约时的经过

伊藤博文以"慰问大韩帝国皇室"的名义,于1905年11月9日进入汉城。10日,伊藤博文立即将天皇的亲笔信递交高宗,提议朝鲜成为日本的保护国。但由于翻译问题,正式会议被推迟到了15日。

当天,会谈持续三个半小时之久。当时患病在身的高宗谴责了日本长期以来的对朝政策,并反对缔结放弃外交权的保护条约。伊藤博文虽强横施压,但高宗坚决以必须征询"政府臣僚"和"一般人民"为由拒绝了伊藤博文。伊藤博文称,在"君主专制国"大韩帝国,应仅依照皇帝意志做出决定,一味拖延只会对国家不利。实际上,日本还有另一套办法,就是在难以缔结保护条约时,仅以最终通告大韩帝国政府并向外国宣布的方式,使朝鲜成为保护国。但是,这将直接导致战争。大韩帝国一方面宣扬自己是"万世不变的专制政治",另一方面却在缔结国际条约时必须依照国内法规定,由中枢院审议决定议政府会议制定的议案。这就是议政府官制和中枢院官制。伊藤博文大致了解情况后,于16日与众大臣举行会谈。

16日,伊藤博文强迫各大臣缔结条约,八名大臣均表示拒绝。转折点出现在17日。虽然大臣互相确认了拒绝的决心,但日本的背后有强大的军事力量。当时日本驻韩士兵达23 400人,其中汉城部署了包括宪兵队和警察在内的4 000多兵力。驻扎军将王宫内外围得水泄不通,伊藤博文带领驻韩公使林权助和驻扎军司令官长谷川好道率50名宪兵进入皇宫。众大臣一开始仍然坚决拒绝,但长谷川好道向宪兵队队长小山三己下达了足以让众大臣胆寒的命令,众大臣的意志略有软化。不过,参政大臣韩圭卨和度支部大臣闵泳绮自始至终都坚决拒绝,外部大臣朴齐纯也明言"断然不同意"。但伊藤博文认为,朴齐纯所说的"若是命令,则无话可说"表明了其有所保留的赞同立场,而法部大臣李夏荣口中丧失信心的"遗憾"二字也被视为了赞成。学部大臣李完用以修改几处条文字句为条件表示了同意,军部大臣李根泽、内部大臣李址镕、农商工部大臣权重显三人遵从李完用的意见。这样来看,有六人表示了赞成,但在社会上只有"五贼"的说法(《日韩新协约签署始末》,《日本外交文书》38-1)。

缔结条约的决定一经做出,韩圭卨便跑向皇帝的御所,但被宪兵拦了下来。韩圭卨因过于激愤猝然晕倒,一旁的林权助若无其事地说道:"用水浇头,激一下就行了。"(《说说我的七十年》)这完全不像是对一国宰相的言行。韩圭卨被关了起来,伊藤博文以多数票通过为由,强迫他在条约上签字。韩圭卨决心殉国,直到最后也没有签字。因此第二次《日韩协约》(《乙巳条约》)是由外部大臣朴齐纯及特命全权公使林权助签署的。

完成签字、盖章已是18日深夜一点半左右。签署时间之所以推迟到深夜,是因为此前日本外交官带领宪兵队从外部大臣官邸夺走了外部大臣的邸玺(官印),其粗鲁程度宛如强盗。该协约无视大韩帝国国内法中枢院官制。听到这一消息的高宗顿时流泪呕血,大骂无能臣子竟被胁迫签署条约,激愤高呼:"号召各地'赤子'奋起!"该保护条约明显是被强迫签署的,按理来说是不可能被国际法所承认的。

为亡国而恸哭

缔结保护条约的消息迅速传开,汉城一片哗然。汉城府民在缔结当天天还未亮时便走上街头,城内无不披麻戴孝,数千人拥向王宫,到处都是悲愤慷慨的演说者和散发檄文的人。钟路商人按旧例罢市,以表废除条约之决心。22日,伊藤博文在前往水原途中遭人投石,受轻伤。在新闻界,《皇城新闻》社长张志渊于20日发表著名社论《是日也放声大哭》,后被没收,该报遭停刊处分。紧接着,英国人裴说(Ernest Thomas Bethel)经营的《大韩每日申报》在27日的号外中披露了条约缔结始末(《韩日新条约请缔颠末》)。

反对缔约的上疏一直持续到11月底,达40多件。11月30日和12月1日,重臣闵泳焕和赵秉世相继自杀。无名儒生和士兵中也出现了殉死者。进京者络绎不绝,地方同样是一片骚乱。警务顾问丸山重俊说,"不稳之患"反而多在"中流以下"者。不过,该动向很快被压制下来,因为"未至大事而终局,虽藉我军队之威力,亦有宪兵及警察官之压迫手段"(《顾问警察小志》)。

密使外交

面对这一事态的高宗不能坐视不管。他在朴茨茅斯会议刚一开始便重新启动了密使外交。高宗首先于1905年8月17日派最为信赖的重臣李容翊秘密出国,经由上海前往法国、德国、俄国。日俄战争后被挟持到日本的李容翊在前一年年底刚刚回国。李容翊控诉了日本的不法行为,但并未得到理想的结果。随后,李容翊前往海参崴,协助高宗完成另一项密使外交。

10月下旬,高宗交给法语教师马特尔一封密信,令其送往俄国和法国。同时,原朝鲜驻英公使馆书记李起铉也向英法两国送去密函。前者将密信间接送到了俄国,后者于出国前在仁川被捕。高宗还交给美国教师赫尔伯特(Homer Hulbert)一封密信,令其送到华盛顿。赫尔伯特几乎在保护条约缔结的同时到达华盛顿,并将高宗的密信交给了国务院。但国务卿鲁特拒绝帮助高宗。后来,高宗派大韩帝国驻法公使闵泳瓒前往华盛顿面见鲁特。鲁特不出意外地拒绝了闵泳瓒的请求。11月26日,高宗给赫尔伯特发去电文,称条约是被迫缔结的。赫尔伯特将电文送往国务院,美国依然默然以对。

高宗还对美国做了其他工作。11月末,高宗给美国前驻韩公使安连(Horace Newton Allen)送去密信,请求美国政府仲裁。密信在指出保护条约的非正当性的同时,还要求美、英、日对大韩帝国进行共同保护。安连为此四处奔走,但当他认识到这是一项不可能完成的任务时,他便于第二年春天放弃了。高宗又在1906年1月29日写好密信,委托《伦敦论坛报》记者斯托里送信。斯托里只是一个没有见过高宗的特派记者而已,但他依然感受到了高宗声泪俱下的执着。再次失败后,高宗于6月22日向美国、英国、法国、德国、俄国、奥匈帝国、意大利、比利时、中国等9国宣告保护条约无效,并再度将密信托付给赫尔伯特,表明向荷兰海牙国际法庭起诉的决心。

以上就是高宗做出的所有努力,但无一奏效。在帝国主义面前,密使外交犹如蚍蜉撼树。大韩帝国已经到了跟列强讲"信义"也无人理会的地步。

设立统监府

根据保护条约规定,大韩帝国设立统监府,日本派遣统监;汉城、平壤、釜山、仁川、木浦、群山等要地和开港地设立理事厅,除负责之前的领事馆业务外,还以履行条约义务的名义监视地方施政。

大韩帝国统监府

伊藤博文就任第一任统监。1905年12月21日，伊藤博文接到任命。1906年2月1日，统监府开府，以大韩帝国外部为办事楼。统监直属于天皇，有监理、指挥大韩帝国外交的权限，可以谒见皇帝、疏通政务、列席政府会议、推荐政府重要官职候选人、对大韩帝国提出施政劝告等。统监虽是文官，但手握军事权，有使用驻扎军的权限。这无疑侵犯了《明治宪法》所规定的天皇统率权。军部对此提出反对，但天皇发敕语以之为特例予以认可。

这样一来，大韩帝国不但完全丧失了外交权，就连内政权也危在旦夕。根据伊藤博文的指示，朴齐纯取代韩圭卨组织新内阁。各国关闭了驻韩公使馆，大韩帝国也关闭了驻外公使馆。治安方面，日本警察权凌驾于大韩帝国警察之上。1905年2月，丸山重俊等五名警官被大韩帝国政府警务厅聘用。此后，日本警察逐渐增多，统监府设立后更是迅速扩张。顾问警察和理事厅警察（原领事馆警察）受统监单独监督，成为大韩帝国警察的中坚力量。至1907年7月，日本警官约有1 200人。

统监府的土地政策

根据《朝英条约》（1883年11月26日）规定，原则上外国人只能在居留地及其周围4公里以内地区拥有土地，这也是日本人当初以朝鲜人的名义购进土地的原因。但此时该规定被无视，外国人，特别是日本人开始无限制地购买土地。对华开战后，日本人的土地买断行为愈演愈烈，至日俄战争时达到顶峰。日俄战争时，日本军队以低廉的价格将征用来的大量土地出让给日本建筑商和商人，日本人以这种方式拿到了广阔的土地。

在这一背景下，统监府于1906年7月13日设立不动产法调查会，调查土地情况。同年10月26日，《土地家屋证明规则》颁布。11月16日，《土地家屋典当执行规则》颁布，外国人的土地所有权被认可，土地家屋的买卖、登记、典当、赠与、交换等法规得到明确。1907年7月4日，《国有未垦地利用法》颁布，此前不被承认的外国人未垦地开垦权得到法律认可。

这样一来便具备了日本地主产生的条件。日俄战争至大韩帝国被吞并的这段时期，大资本首先涌入大韩帝国，具有代表性的有东山农场、大仓农场、旭农场、熊本农场、细川农场等。与此同时，中小资本也随之涌入。日本人以"日之丸"旗的威光为后盾，以各种办法攫取土地。其中，向个体农民放高利贷，以此获得流押土地的方法最为普遍。此外还有日本人通过伪造货币、欺诈、掠夺等方式得到土地。大韩帝国土地价格只有日本的十分之一到三十分之一，即使是缺少资金的拓荒者也能立刻成为大地主。截至1909年6月，日本地主达692人，拥有土地52 426町步，人均拥有土地面积75.8町步。次年，日本地主达2 254人，土地面积共69 311町步，人均38.6町步。地主人数膨胀2倍多,而人均土地面积减少为原来的一半。这是拓荒式的农业移民蜂拥而至的结果。

东洋拓殖株式会社

在这些大地主中,国家政策扶植的东洋拓殖株式会社(简称"东拓")最为突出。在"富源开拓""民力涵养"等美名下,东拓投入大量资本获得土地,以举国之力进行地主式的经营,接收农业移民。东拓是国策公司,不受普通公司法约束。1908年8月27日,《东洋拓殖株式会社法》颁布。12月28日,东洋拓殖株式会社成立。虽然后来改名为日韩合作会社,但总裁是日本人,三分之二的员工为日本人。东拓拥有资金1千万日元,共20万份股,其中6万份股为大韩帝国政府以土地的形式出资的实物资本。

大韩帝国政府作为实物资本出资的土地全部由原来的皇室财产、后被收编国有的土地充当。1907年7月4日,统监府颁布《临时帝室有及国有财产调查官制》,开始处理愈加庞大的皇室财产。曾被纳入皇室财产的驿土、屯土、宫庄土(皇室土地)等均被认定为国有土地。在这些土地上耕作的农民认为,皇室和特定官衙不过是代替国家收缴租税,他们耕作的土地就是他们的私有地,这是引起纠纷的原因所在。

东拓从政府手中得到的实物资本土地为17 714町步。到了1913年,东拓实际购买土地47 148町步。这样一来,东拓成为朝鲜的最大地主,直到解放前一直君临于朝鲜农民之上。

统监府对土地的掠夺还涉及山林。1908年1月21日,《森林法》颁布,3年之内没有申报地籍的山林均被认定为国有林。申报地籍的林野不足全部林野的七分之一,仅为220万町步,而且多在朝鲜富人和日本资本家的手中。为了了解地籍的申报情况,林籍调查工作于1910年3月至8月期间实施,林籍由此暂时固定下来。经调查,国有林为830万町步,民有林为754万町步。在寒冷的朝鲜,烧柴的火炕是必不可少的。失去被称为"无主公山"的共有林后,朝鲜人的生活更加难以为继。

统监府的利权掠夺和贷款

除了土地,统监府还抢夺矿业权、渔业权等。与传统的享受优惠的利权不同,1906年6月29日、7月24日颁布的《矿业法》和《砂矿采取法》使日本资本能够轻而易举地取得矿山权。1910年前后,朝鲜人的矿业权许可数为249件,日本人449件,是前者的近1倍。

1908年10月31日,《日韩渔业协定》缔结。统监府企图通过这一协定为日本渔民提供优惠、发放补助金,鼓励日本渔民集体前往朝鲜海域捕鱼,并使之作为制度确立下来。11月11日,《渔业法》颁布,渔业实行许可制,朝鲜个体渔民受到打压。这导致1909年前后形成一种畸形的生产结构,即朝鲜人的渔船数是日本的3.3倍,但渔获量仅为369万日元,与日本的307万日元大体相同。

另一方面,统监府为了强化朝鲜对日本的从属性,计划用贷款困住朝鲜财政。统监府以扩大道路和港湾设施、修缮宫殿、设立中央银行和地方仓库、雇佣日本官吏等各种名目,逼迫朝鲜接受日本政府以及由日本政府担保的第一银行、日本兴业银行的贷款。1905年至1910年期间,朝鲜大约接受了4 500万日元贷款,该数字甚至超过大韩帝国三年的国家预算。

二、恢复国权运动与第三次《日韩协约》

义兵运动

保护条约缔结后不久便发生了真正意义上的义兵斗争。契机是1906年5月11日原礼曹参判闵宗植的起义。闵宗植从2月起开始活动,5月袭击了忠清南道的蓝浦,之后扩张到1 100

人左右,进军洪州,驱逐宪兵和日本侨民。宪兵队和警察立即发起攻击,闵宗植顽强抵抗,直到日军出动步兵两个中队、骑兵一个小队,己方死伤80人,被俘150人才逐渐败退。11月,闵宗植被捕。

继闵宗植之后,崔益铉起义。1905年11月29日,崔益铉上疏弹劾"五贼",要求废除保护条约。1906年5月23日,崔益铉起义,向日本政府送去名为《弃信背义十六罪》的声讨书。6月4日,崔益铉进入全罗北道泰仁。成为保护国的大韩帝国政府已经成为傀儡政权,上疏活动也没有了意义。崔益铉部队袭击了各地郡衙,获得军用资金和武器,规模扩张到1 000人。11日,崔益铉部队在淳昌与镇卫队遭遇,战斗持续数小时。崔益铉希望与日军战斗,但眼前的敌人却是大韩帝国军队。他呼吁双方

崔益铉 1906年6月12日被日军逮捕后押解至对马

不要骨肉相残，但敌方不予理睬，崔益铉只好解散义兵。最终，崔益铉与直到最后都不肯离去的13名部下一同投降。8月，崔益铉与弟子林炳瓒一同被拘押在对马。崔益铉拒食敌粟，绝食而亡。当时是1906年12月30日。

最让伊藤博文害怕的是义兵与民众的合流。崔益铉的灵柩到达草梁时，街道瞬间被男女老少所淹没，据称当时人数达一万之众。商店罢市以示哀悼，学生来到街上叩地痛哭。这幅景象正是奉行儒教民本主义的德高望重之人所希望看到的。

伊藤博文采取怀柔策略，先对闵宗植处以发配，后于12月特赦释放。但是义兵在各地兴起，局面已经到了难以遏制的地步。全罗南道长城有奇宇万，全罗北道任实有姜在天，庆尚北道有郑镛基。郑镛基战死后，其父郑焕直继续战斗。义兵得到广大民众的支持，不断壮大。其中，以庆尚北道与江原道接壤处的日月山地区为中心活动的平民义兵将领申乭石尤为著名。此时诞生了许多平民义兵将领，这是这一时期义兵运动的一大特征。申乭石勇猛果敢，部队发展到3 000人规模，与日军展开了持续的游击战。

爱国启蒙运动

毫无疑问，义兵运动就是一场恢复国权运动。在汉城等城市，近代知识分子也掀起了一场爱国启蒙运动。《皇城新闻》社长张志渊的社论《是日也放声大哭》宣告了这一运动的开始。爱国启蒙运动是各民族团体和舆论界以教育振兴、殖产兴业为口号,以弘扬民权为基础,传播爱国思想,为恢复国权积蓄实力的自强运动。

日俄战争正酣的1905年5月24日,李儁、尹孝定等人建立宪政研究会,主张君主立宪制。虽然该团体于不久后解散,但翌年4月14日,以宪政研究会为母体的大韩自强会成立。会长为尹致昊,张志渊、尹孝定等人担任评议委员。爱国启蒙运动自此走上正轨。大韩自强会将主要精力倾注在了启蒙运动上,认为要想振兴教育、殖产兴业,"内养祖国之精神,外吸文明之学术,乃现时局之急务"(《大韩自强会趣旨文》)。

当时还诞生了许多类似的团体,具有代表性的有西北学会(平安道)、畿湖学会(京畿道、忠清道)、峤南学会(庆尚道)、关东学会(江原道)、湖南学会(全罗道)等。虽称学会,但与今日之学会意义不同,指的是启蒙团体。这些学会大多按地区组织起来,这是这些学会的一大特征。这表明,一个地区会因民族主义的影响而聚集在一起。但另一方面,地方主义还留有残余。留日学生也建立起了类似的团体,有太极学会、大韩留学生学会等。他们有各自的会志,在政治、经济、法律、教育、科学、文学、世界形势等各方面展开讨论。

各报纸也深入参与到了爱国启蒙运动中。《皇城新闻》《帝国新闻》《大韩每日申报》等报最具代表性。统监府在原则上禁止学会参与政治活动，打压反日言论，但这些报纸仍然谨慎开展反日言论活动。不过，日俄战争时期制定的军律一直管制着报纸的言论，一直持续到 1906 年 10 月。

1904 年 7 月 18 日创刊的《大韩每日申报》由英国人裴说担任社长，该报利用治外法权成为反日报纸之雄。梁起铎任总务、编辑。1905 年 8 月至 1907 年末，主笔由朴殷植担任，后由《皇城新闻》转来的申采浩担任。除了《皇城新闻》《帝国新闻》，还有亲日报纸《国民新报》《大韩新闻》等，这些报纸的总发行数勉强超过 8 000 份。而《大韩每日申报》在 1908 年 5 月期间，汉文版、谚文版共计发行 13 000 份。

东学也深入参与到了爱国启蒙运动中。第三代教祖孙秉熙于 1906 年 1 月 23 日回国，改东学为天道教。回国之初的孙秉熙原本与一进会协同步调，但是当他看到批判一进会为卖国团体的声音一浪高过一浪时，他便于 9 月将李容九逐出宗门，与一进会断绝了关系。李容九随即创立侍天教。东学自此发生分裂。义兵猛烈攻击一进会时，天道教被与一进会混为一谈而遭受大量伤亡。天道教通过近代化的教理和传教活动独自继承了启蒙运动。而一进会则相信与日本的合并才是朝鲜的生存之道，因此一进会在主观上也认为自己是爱国启蒙运动中的重要力量。《国民新报》是一进会的机关报。

汉城骚动

国债报偿运动也是一场象征着爱国启蒙运动的恢复国权运动。1907年1月31日，位于大邱的出版社广文社代表金光济与徐相敦号召国民捐款偿还日本1 300万日元贷款。此即国债报偿运动的开端。该运动主要呼吁2 000万朝鲜人民每人每月捐出20钱烟钱，这样一来只要三个月就能还清借款。金光济等人发布的《国债报偿趣旨书》被刊载在了《皇城新闻》《帝国新闻》《大韩每日申报》等报上，国债报偿运动由此成为全民运动。与此同时，国债报偿期成会成立。除了烟钱，全国人民还捐出戒指、

国债报偿运动领导人 左起分别为徐相敦、金光济、梁起铎

贵金属、副食餐费等，这些捐款由《大韩每日申报》成立的国债报偿志愿金综合所统一管理。所长为尹雄烈，总务为梁起铎。虽然当局呼吁停止这项运动，但运动一直在持续。

汉城不单是国民热诚高涨的城市，还是暗杀传闻满天飞的危险城市。诛杀"五贼"的行动正在酝酿之中。其中，罗寅永、吴基镐等人组织的自新会规模较大，有30名同志，他们计划对"五贼"实施有组织的暗杀行动。自新会原本计划于1907年3月25日一举暗杀五大臣，结果暗杀失败，整个计划随之浮出水面。原宫内大臣李容泰等宫中势力也参与了暗杀计划，并为自新会提供了资金上的帮助。

在一片骚乱的社会背景下，一进会试图推翻朴齐纯内阁，亲自建立政权。获得伊藤博文的准允后，一进会于5月22日至26日任李完用为议政府参政（6月14日官制改革后，改称总理大臣），任一进会宋秉畯为农商工部大臣，新内阁就此诞生，其傀儡政权的性质较之以前有过之而无不及。

海牙密使事件

在义兵运动、国债报偿运动高涨的同时，高宗仍在继续他的密使外交。伊藤博文为了阻止高宗进行密使外交、与反日派见面，于1906年7月6日下发宫禁令，规定没有警务顾问部的许可证，任何人不得出入皇宫。但即便如此，高宗依然秘密召见了外部官员。

1907年6月，荷兰海牙召开万国和平会议，倡议者是俄国沙皇尼古拉二世。一直对俄国抱有很大期待的高宗任命原议政府参赞李相卨、原平理院检事李儁、原驻俄公使馆参事官李玮钟（亲俄派李范晋之子）三人为密使出席会议。之所以派密使出席，是因为日本从中百般阻挠，大韩帝国没有收到正式的邀请函。李儁曾任宪政研究会副会长，后任平理院检事，曾参与国债报偿运动。6月24日，一行三人到达海牙，要求参加会议，未果。不过，三人在同时召开的汇集新闻界人士的国际协会上得到了发言机会。7月8日，擅长英文的李玮钟作为代表，发表了慷慨激昂的演说，斥责保护条约无效，控诉日本的不法行径。此次名为《韩国的控诉》的演说与李玮钟的照片一同刊载在了各国报纸上。可即便如此，密使外交仍然不被列国所接受。14日，心灰意冷的李儁在病痛中客死他乡。他的死被世间称为"愤死"，很长时间内都有传言称李儁系自杀。同一时期，赫尔伯特来到欧洲，与三密使合力向常设仲裁法院提起诉讼，但希望再次化为泡影。

伊藤博文于6月29日接到海牙密使活动的消息后非常愤怒。7月3日，伊藤博文会见高宗，斥责其行为"阴险"，称这是宣战行为，以此恐吓高宗。紧接着，伊藤博文又对总理大臣李完用进行了威胁，并逼迫高宗让位。一进会的宋秉畯也逼迫高宗，称若不让位，只有自裁、直接向天皇谢罪、战争三条路可走。讨论持续数日。最终，高宗孤立无援，同意让位。让位仪式于7月20日举行，皇太子李坧即位，是为纯宗。

听到高宗让位传闻的汉城府民于18日晚出现不稳迹象。翌日，国民决死会成立。全城到处都是弹劾内阁大臣的演说。40名士兵逃出侍卫队，与日本警察在钟路发生枪战，死伤30多人。一进会的机关报《国民新报》报社也遭到了袭击。为了镇压这场运动，伊藤博文甚至出动一个混成旅。高宗让位的20日，整个汉城处于罢市状态，数万府民组织集会，烧毁李完用宅邸，侍卫队的部分士兵袭击了钟路巡查派出所。平壤也是如此，商人罢市、集会演说，警察遭民众投石。21日，日本宪兵端出机关枪，严禁集会。可即便如此，"五贼"中的李址镕、李根泽的宅邸仍被烧毁。

第三次《日韩协约》与军队的解散

虽然出现种种骚乱，但伊藤博文依然果断采取了下一步动作。7月24日，第三次《日韩协约》(《丁未七条约》)缔结。根据该协约，日本完全掌握了由统监领导的内政指导权，法令的制定、行政的施行、官吏的任免等必须得到统监同意；日本人可担任大韩帝国官吏，日本顾问成为大韩帝国正式官吏；互换秘密备忘录，内阁各部配备日本次官，由日本人担任新设的大审院院长和检事总长，控诉院、地方法院大量聘用日本人担任判事、检事；除守卫皇宫的一个大队外，其他大韩帝国军队全部解散。

大韩帝国完全丧失了主权，已无国家之体。7月30日，思考缜密的日本与列强中有可能报复日本的俄国签订第一次《日俄协约》，以哈尔滨和长春、吉林之间为"分界线"，确认了各自的权益，要求俄国不要干涉朝鲜成为日本的保护国。

8月1日至9月3日，大韩帝国军队逐步解散。当时大韩帝国军队的兵力为9171人，除仪仗兵外，剩余8426人全部解散。军队解散的第一天，汉城便爆发了叛乱。解散工作秘密进行时，侍卫队第一联队第一大队队长朴升焕开枪自杀。得知解散之事的朴升焕部下一齐返回武器库，与日军展开枪战。枪战持续两个小时，部分战斗甚至演变为白刃战。最终，大韩帝国士兵68人战死，100余人负伤。日军4人战死，29人负伤。逃出来的士兵被民众藏了起来，之后逃出汉城府，与义兵合流。

直到9月3日各地才陆续解散完毕，原州、江华岛、忠州、堤川等地也发生了叛乱。原州和江华岛的叛乱规模尤其之大。8月6日，以代理大队长金德济、特务正校闵肯镐为首的叛军与原州民众一同发动起义，与守备队展开激战。击退守备队后，叛军兵分两路，由金德济率600人、闵肯镐率1 000人分头开展义兵运动。8月9日，以副校池弘允、延基羽等人为首的600人在江华岛反叛，杀死身为一进会会员的郡守后，与日军展开激战。此后，该叛军也加入了义兵运动。

军队解散引发的小规模战斗在各地不断发生。叛军共死伤1 850人，日军死伤68人。叛军中的大部分人都加入了义兵组织，也有很多士兵领了恩赐金、老老实实地解散，转过头来又加入了义兵组织。

次官政治与"自治育成"政策

根据第三次《日韩协约》，成为次官以及次官级的日本人如下：内部——木内重四郎、法部——仓富勇三郎、学部——俵孙一、度支部——荒井贤太郎、宫内府——小松三保松、农商工部——冈喜七郎、警察局长——松井茂、警视总监——丸山重俊、总税务司署——永滨盛三。根据"受总监之指导"的规定，各部局实权均由日本人掌握；废除顾问警察和理事厅警察，日本警察官全部成为大韩帝国警察官。1909年6月，日本官吏为5 370人（大韩帝国官吏为6 837人）。1909年12月，大韩帝国的日本警察为2 136人（大韩帝国本国警察为3 252人）。

伊藤博文认为，"日本的政策是使韩国富强、走上独立自卫一途，以日韩提携为上策"（《东京朝日新闻》1907年8月1日刊《伊藤统监答新闻记者团》），因此他反对吞并大韩帝国，主张"自治育成"政策。不过，该政策徒有其名，实际上仍是使朝鲜从属于日本的政策。

"自治育成"政策大体由四点构成，①整顿司法制度，②设立银行金融机构，③殖产兴业，④振兴教育。①虽然主张废除治外法权，标榜日韩平等，但这意味着朝鲜将成为日本专属的、排他的领域。②以目贺田种太郎整顿货币为发端，代表措施有设立韩国银行（前身为第一银行）为中央银行，设立地方金融组织等，这意味着朝鲜半岛将被纳入日本经济圈。至于③，如果要问以谁为中心推动殖产兴业，答案正如东洋拓殖株式会社所揭示的那样，实行政策、从中受惠的主体都是日本人。

问题在于④。这一点虽然主张朝鲜近代化，但实际上却在阻碍朝鲜的民族教育。爱国启蒙运动家竞相设立学校，但统监府并不希望看到这一景象。1908年8月26日下发的《私立学校令》将私立学校置于学部的管理下，不允许使用学部编纂以及学部大臣检定以外的教科书，学部大臣可以关闭学部认为有害的学校。结果，1908年尚有大约5 000所私立学校，仅两年之后的1910年8月就锐减到了1 900所。而且官立和公立学校还在日本人的主导下强制实行日语教育。

即使没有被吞并，朝鲜也在实质上彻底沦为日本的排他性统治区域，几乎等同于真正意义上的殖民地。对于伊藤博文来说，吞并大韩帝国只是扬大日本帝国之名而已，在"自治"的美名下怀柔朝鲜人，允诺朝鲜"富强"时便可独立，这样才是更有效率、不必过度依赖经费高昂的军事力量的统治方式。伊藤博文认为，以"自治"为诱饵，可使朝鲜各阶层发自内心地服从日本，但是很快他就发现，这一想法过于天真。他小看了朝鲜的民族主义发展。

三、恢复国权运动的扩大及其思想

义兵战争

被解散的士兵加入义兵组织，使义兵运动更加灵活多样。遍布全国的义兵让日本军队颇为头疼。小规模的义兵运动以几人为单位，大多数义兵运动规模为数十人甚至100人以上，有时还会达到3 000人（今村鞆《历史民俗朝鲜漫谈》）。此前这些义兵运动没能组织起统一的抗争。而统一抗争的机运，就在此时产生。

在原州起义的李求载、李殷赞等人拥戴李麟荣为关东义兵大将。李麟荣向各地义兵发送檄文，呼吁统一抗争。1907年12月，临近汉城的京畿道杨州集结1万义兵，以十三道义兵总大将李麟荣为首领，军师长许蔿、关东（江原道）倡义大将闵肯镐、湖西（忠清道）倡义大将李康年、峤南（庆尚道）倡义大将朴正斌、镇东（京畿道、黄海道）倡义大将权重熙、关西（平安道）倡义大将方仁宽、关北（咸镜道）倡义大将郑凤俊等人为指挥官。这支部队采纳精通国际法的原平理院判事许蔿的建议，向汉城各国领事馆送去文书，希望他们承认义兵是国际法意义上的交战组织。日本将义兵视为"暴徒"，因此义兵被捕后无法按照国际法的规定以俘虏论处。许蔿这样做，就是为了将己方的战斗定义为正式的战争，进而得到外部认可。

据驻扎军司令部调查，1908年6月义兵总数为"首魁"241人，"暴徒"31 245人，这一规模足以称之为战争。十三道义兵集结后，义兵运动发展成了义兵战争。

义兵的思想

然而，联军很快就解体了。1908年1月，许蔿的部队抵达距离汉城东大门12公里的地方，等待其他部队到来。但各部队到达不及时，最终被日军击退。义兵没有被列强承认为国际法意义上的交战组织。总大将李麟荣接到父亲的讣报后卸下总大将之任，充分体现了秉持儒教名分的儒者该有的行为方式。之后，各义兵将领成为战争主体，在全国各据点独自开展义兵运动。

以今天的眼光来看，李麟荣的行为是很难理解的。葬礼结束后，部下请求李麟荣归队，可李麟荣拒绝归队："如对国不忠，则对亲不孝。若对亲不孝，则对国不忠。吾三年（服丧）然后更起义旅，扫荡日本，恢复大韩。即是孝纯，岂非忠全？"（宋相焘《骑驴随笔》）李麟荣虽然提倡"忠孝一致"，但他的做法明明是以孝为先。在儒家思想中，忠本来就是孝类推出来的产物，因此孝在先，只有这样才合乎"道"。"道"是文明，位于"国"之上位，而朝鲜王朝、大韩帝国之所以以己为尊，就是因为它是"道"的护持者。对于义兵将领来说，殉于文明等同殉国。

崔益铉也是如此。他提出，"忠爱"和"信义"分别是人与国家的普遍法则，即文明的法则。他痛斥日本背弃东亚三国连带之大义，认为赌上身家性命护持朝鲜文明乃至东亚文明是儒者的责任。1908年6月，许蔿就缚处刑时曾对前来超度的日本僧人大喝："忠义之鬼自能上仙。纵使将堕地狱，岂可借助汝等仇虏蛮僧。"（《梅泉野录》）这充分体现了固守"忠义"文明观的儒者所特有的自负。

义兵与民众

这一阶段的义兵将领出身各个阶层，与断发令时义兵将领几乎均是儒生的情况大不相同。此时儒生、两班出身的义兵将领占25%，农民占19%，军人占14%，无职业者、火贼等约占12%。大韩帝国时期的活贫党虽然在根本性质上属于盗贼，但他们却"本末倒置"地以实现社会正义、回归王道政治为主观目标。在这一时期,加入义兵组织就是他们实践这种正义感的方式。朴素的农民相继拿起枪,义兵战争成了被日俄战争和统监府政治夺去土地、家人被杀、生活无着的人们舍命一搏的悲壮战斗。

申乭石和洪范图是最著名的平民义兵将领。以"太白山之虎""飞虎将军"驰名的申乭石于1908年11月被杀,日军将其定义为火贼。洪范图是雇农和猎户出身,1907年11月前后投身义兵运动,大韩帝国被吞并后,他转而前往中国东北和海参崴等地活动。1907年9月6日《铳炮及火药类团束法》制定,为了守住生活的资本,洪范图奋而起义。他的义兵部队由猎人、矿山工人、军人、火田民(在烧掉杂草杂木的田地里耕作的农民)、土幕民(住在贫民窟的人)、无赖等组成。

闵肯镐是军人出身的义兵将领代表,"忠义"之心不亚于儒生。他曾泪流满面吐露热忱,其高尚风骨深得民心。要想将旧统治势力——儒生与民众结合在一起,将义兵战争进行到底,奉行儒教民本主

洪范图(1868—1943)

义的德高望重之人的秩序观是必不可少的逻辑。朝鲜与侵略军作战依靠的还是传统的政治文化,只有这样才能积蓄力量。对帝国主义势力的反抗一般都要依据本地的逻辑,朝鲜也不例外。

义兵将领在赢得民心方面煞费苦心。洪范图等人以任侠的逻辑吸引民众,而有威望的儒生义兵将领则在努力教化民众的同时注重纪律性。李殷赞即是典型。他标榜"正义"以俘获民心,不直接从民众手中抢夺粮食和军费,而是通知村长一级后再征收。购买东西一定付钱,虽然偶尔发行军票,但日后一定换成货币。因此民众非常欢迎李殷赞部队,不仅自愿为其掩护,甚至还充当起了李殷赞的密探。虽然李殷赞的部队中也有无赖之辈,但他决不驱逐这些人,而是用自己的德望来教化他们。

爱国启蒙运动与社会进化论

对于义兵战争,爱国启蒙运动阵营又有着怎样的态度呢?出人意料的是,尽管同样是恢复国权运动的重要力量,但爱国启蒙运动阵营中的许多人对此非常冷漠。即便爱国启蒙运动组织中最为激进的大韩自强会也不例外。大韩自强会因政治活动过于激进,于1907年8月被迫解散。同年11月17日,大韩自强会转变为大韩协会。大韩协会虽远不及一进会,但也有2万多名会员,是仅次于一进会的势力。总务尹孝定曾大胆地将义兵运动称为"义名暴行",认为"应该彻底地批判"。

这种思想受当时流行的社会进化论的影响。将达尔文主义运用于人类社会的社会进化论认为,人类在"弱肉强食""优胜劣汰""适者生存"的激烈竞争中文明地走向进步。许多爱国启蒙运动家在理解这一理论时,将重点放在了"进步"上。结果,他们一边批判帝国主义,一边又对帝国主义统治下的文明化有所期待。帝国主义虽然狡诈,但他们幻想着帝国主义会逐渐趋于理性,并开辟出一条普世的道义之路。尹孝定认为,日本在日俄战争中取得胜利是君主立宪主义即文明对专制主义的胜利。因此,爱国启蒙运动阵营中产生了一种对伊藤博文的"自治育成"政策既怀疑又相信的倾向。

极为不可思议的是,保护条约缔结时写出一代名文《是日也放声大哭》、使朝鲜人深受震撼的张志渊也对伊藤博文有所期待。他对现状进行分析后认为,统监府政治将持续下去,朝鲜依靠军事力量根本无法恢复国权,因此只能寻求某种妥协。大韩自强会的顾问是日本人大垣丈夫,此人也是张志渊推荐的。大垣丈夫与伊藤博文保持密切关系,领受其意,努力使大韩自强会、大韩协会相信统监府政治的"善意"。大垣丈夫还活跃于日本新闻界,是天皇主义即国权主义的拥护者。表面上大垣丈夫倡导东洋三国同盟论,仿佛是在主张提高大韩帝国的地位,但实际上他仍是保护国论的拥护者,即认为朝鲜应服从日本的领导。张志渊似乎想通过聘请大垣丈夫来减弱日本当局的干涉,但另一方面也不能不说是张志渊中了大垣丈夫的奸计。

可是,大韩自强会原本就是为了反对保护国化而设立的组织,因此他们对伊藤博文和大垣丈夫始终心怀芥蒂。而且,大韩自强会又曾积极参与反对高宗让位的运动。正因如此,大韩自强会才被迫解散。由此看来,爱国启蒙运动家的矛盾是极为深刻的。

新民会

没有放弃独立的爱国启蒙运动家秘密结社,研究独立方略。1907年4月,新民会组建,由安昌浩领导。在美国生活5年的安昌浩于同年2月20日经由东京回国。为了将朝鲜人组织起来,安昌浩在旧金山成立共立协会,为民族运动做出诸多实际贡献。虽然当时只有29岁,但他已经是一名高超的演说家,一回国便到各地演说,唤起人们的民族主义意识。不久之后,他建立了新民会,会长为尹致昊,副会长安昌浩,二人均为基督徒,安昌浩是实际领导人。新民会网罗各界人士,朴殷植、申采浩、张志渊、梁起铎等人,李申、李东辉等军人,李升薰等实业家、教育家,金九、李东宁等活动家都是会员,共计800人。

新民会的宗旨是,①宣传独立思想,②增加同志,③振兴青少年教育,④提高国民财力。新民会是明确主张独立的政治结社，因此带有秘密结社的性质。会员里基督徒居多，表面上以合法团体青年学友会为中心开展活动，在各地建立学校、经济组织或少年同志会、青年同志会等。在平壤，新民会设立了大成学校、马山洞瓷器会社、太极书馆等，并以这些地方为据点积蓄实力。新民会虽然与义兵运动划清界限，但它同样具有在紧急时刻用武力争取独立的信念。

新民会领导人安昌浩（1878—1938）

　　张志渊是新民会会员，同时他也参加了主动拥抱大垣丈夫的大韩自强会和大韩协会的活动。这一时期的张志渊正在考虑软硬两种独立方策。不过，即便同为新民会会员，对于独立的执着也是有差别的。朴殷植、申采浩等人是其中最为坚定的独立论主张人。

大韩民族主义

爱国启蒙运动时期,人们阅读了大量反映国家存亡危机的外国建国史和亡国史。前者有美国、意大利、瑞士等,后者有越南、波兰等。其中,潘佩珠的《越南亡国史》拥有众多读者。拿破仑、加里波第等外国英雄人物也很受欢迎。在朝鲜,大破隋军的乙支文德、万历朝鲜战争中的李舜臣等人都是鼓吹爱国思想的绝佳英雄人物。与此同时,人们开始重新审视朝鲜的历史,比起来自中国的箕子建立了朝鲜这一传说,人们更倾向于将建国的伟绩归功于朝鲜自古以来的神仙下凡神话中的檀君,这就是檀君民族主义。当檀君民族主义与民众对大韩帝国的热爱相结合时,大韩民族主义便诞生了。

鼓吹大韩民族主义最卖力的是朴殷植和申采浩。当时人们在理解社会进化论时普遍将重点放在"进步"上,而朴殷植、申采浩完全将重点放在了"竞争"上。这也是两人思想上的特点。他们认为,现实世界只有残酷的竞争,没有普世的道义。他们还认识到,国际法不值得任何期待,那只不过是列强随意解释、用来伤害弱小国家的工具而已。因此,两人坚决主张朝鲜应该站在民族主义的立场上。也就是说,国家大于道义。爱国启蒙运动中有同盟论、保护国论、合并论等多种论调,申采浩虽然身为大韩自强会会员,但他仍然将这些论调视为"东洋主义"加以猛烈批判。朴殷植也认为大垣丈夫的言论不现实而坚决排他。

朝鲜的传统学说朱子学认为，具有优秀人格的人才能施行优秀的政治，道德与政治是紧密相连的，政治世界本就不该使用权谋术数。浸透在朱子学思维中的朝鲜知识分子很难从这样的思维中跳出来。而朴殷植、申采浩将道德和政治割裂开来，才真正使民族主义确立了下来。

申采浩的思想

申采浩的民族主义尤为彻底。享有成均馆博士这一儒者美名的申采浩本该走上仕途，但他却投身《皇城新闻》《大韩每日申报》，鼓吹激进的民族主义。他对社会进化论有着深刻的理解，他不单单批判弱肉强食的现实世界，还主张自己也要成为"强权"的信奉者。这种思想是一种建立在国家（道义观）之上的民族主义，是不仅不向国际社会寻求"道义"，还要主动放弃"道义"，一心想用"强权"跻身"强权世界"的民族主义。申采浩通过与朱子学的割裂，批判了普世主义的世界观，主张转向特殊主义的世界观。福泽谕吉曾说，"百卷《万国公法》不若数门大炮"（《通俗国权论》），以此肯定了"权宜主义"。申采浩将自己置于与福泽谕吉相同的位置。

申采浩主张用实力赢得独立。在对义兵持冷淡态度的爱国

申采浩（1880—1936）

启蒙运动阵营中，他的义兵观较为积极，认为义兵是"义士"和"忠臣"。他还认为，要想建立尊重国权的近代国家，必须进行国民革命，因此他对甲午农民战争领袖全琫准给予了高度评价，称其为"革命家"。爱国启蒙运动家普遍具有愚民思想，认为甲午农民战争和全琫准是愚昧的，就连朴殷植也这么认为。但申采浩的立场明显与这些思想行为划清了界限。

申采浩的思想特别注重民众的立场，因此他的思想在后期发生了剧变。这是因为大韩帝国被吞并后，以"强权"战胜"强权"的想法已经不切实际。他开始在被压迫的民族中寻求"道德"，在民众中寻求正义，因此他转而批判国家和道义观，在20世纪20年代以无政府主义者的身份开展民族运动。讽刺的是，他的思想又回归到了认为"政治必须是道德的、民本主义的"朱子学思维，即具有普世性的世界观中。虽然在民众的立场上有所不同，但在抛弃国家主义、回归普世主义这一点上，朴殷植与申采浩却是相同的。

没有哪个思想家能像申采浩一样，在与朝鲜传统思想进行搏斗的同时，还在不断探索正确的近代化道路。从这个意义上来说，申采浩是可以与福泽谕吉比肩的近代朝鲜史上最伟大的思想家。

四、恢复国权运动与日本

统监府的言论和治安政策

日俄战争时期，日本按照军律实行严格的言论管制和治安维持。之后，统监府又进一步发布诸多法令来封杀恢复国权运动。首先出台的是《保安规则》（1906年4月17日颁布）。该法令要求确定"平常有粗暴言论行为"之人的住所和职业。这明显是针对爱国启蒙运动家的法令。之后施行的《保安法》（1907年7月27日颁布）更加彻底。依据该法，内部大臣为维护安宁，可以解散结社；警察可以限制、禁止集会和"多众的运动"。大韩自强会很快因这项法令而被迫解散。

言论管制方面最为重要的是《新闻纸法》（1907年7月24日

颁布)。该法规定，内部大臣可以没收、停止发行或禁止发行妨碍"安宁秩序"的报纸。其目的是严禁反日报道。1908年4月20日，《新闻纸法》进一步升级，规定外国入境的报纸、外国人发行的国内报纸也适用该法。言论管制已经到了如此赤裸的地步。当时来自海外的报纸有《大东共报》(海参崴)、《新韩民报》(旧金山)、《新韩国报》(火奴鲁鲁)等。统监府想将这些报纸以及裴说担任社长的《大韩每日申报》一并取缔。

日本还发行了御用报纸来操纵舆论。从统监府设立前的1895年2月起，日本资助发行《汉城新闻》以操纵舆论。日俄战争打响后，日本又立即创刊《大东日报》(1904年3月创刊)和《大东新报》(1904年4月创刊)，将其作为新的御用报纸。统监府还收购了英国人霍奇(John Weekly Hodge)于1905年6月创刊的《汉城新闻报》(*The Seoul Press*)，将其作为英文御用报纸。

紧接着，统监府依据《出版法》(1909年2月23日颁布)实行出版许可制，严格审查出版物，很多出版物因此停止发行。此时已经到了言论弹压最为紧张的时刻。

《大韩每日申报》与日本

但是，这些恶法没有让《大韩每日申报》轻易屈服。社长裴说和梁起铎始终保持着反日的铮铮铁骨。义兵通过《大韩每日申报》的报道了解了国内外的形势,获得了战斗的精神食粮。

统监府对裴说进行了全面监视,还两次向英国领事馆告发裴说。是基于治外法权、坚持英国法律适用原则,还是与日本保持友好关系?英国一开始颇为纠结。最终,英国修改了可作为依据的枢密院令,规定英国人发行的报纸不得离间友好国家的官吏和大韩帝国臣民,并处罚了裴说。裴说在1907年10月受到6个月的禁闭处分,后来又于1908年6月受到3周的监禁和6个月的禁闭处分。所谓监禁,就是驱逐出大韩帝国。

尽管如此,裴说还是回来了。但不幸的是,1909年5月1日,年仅36岁的裴说病故。他留下遗言:"我死后,要让《大韩每

《大韩每日申报》编辑室

日申报》永生,拯救大韩帝国同胞。"他是帝国主义猖獗时代罕见的献身于被压迫民族的外国人。

梁起铎是继裴说之后被统监府敌视的人。1908年7月12日,统监府突然以侵占国债报偿金的嫌疑,逮捕国债报偿运动总务梁起铎。这实际上是统监府对《大韩每日申报》的镇压。英国总领事认为此次逮捕不正当,提出抗议,一度上升到外交问题。9月29日,梁起铎无罪释放。但《大韩每日申报》失去了信誉,发行数锐减。一开始就注定很难成功的国债报偿运动最终失败。国债报偿运动本身就是一场鼓吹民族主义的运动,因此它的失败给民族阵营带来广泛的挫败感。

基督教与民族运动

国债报偿运动的主体——民众之间也存在广泛的无力感。这说明基督教的传教活动出现了重大变化。这就是发端于1903年冬、于1907年达到顶峰的大复兴运动。

朝鲜的基督教传教活动经天主教殉教事件,在甲申政变后,尤其是1886年6月《朝法修好通商条约》缔结后走上正轨。传教的手段是医疗和教育。契机是美国医生安连救治了在甲申政变中负伤的闵泳翊,因此得到高宗和闵妃的信任。后来安连成为公使,离任后还曾为高宗递送密信。在他的提议下,1885年

4月14日，西式医院广惠院（济众院）设立，朝鲜的近代医学教育就此开启。其后不断有传教士来到朝鲜，竞相设立教会学校，梨花学堂、培材学堂、耶稣教学堂、贞信女学校最具代表。他们收容孤儿和贫困子女，尤其致力于对被儒教世界排除在外的女子的教育。

朝鲜人信仰基督教除了生活贫困外，更重要的是逃避官吏的横征暴敛和政治压迫。只要逃进教会，就能以治外法权为盾牌逃避官吏的压迫，就连日本官吏也无法轻易插手，因此教会成了民族主义的沃土，其中也有儒教知识分子改宗的情况。在平安道等北部地区，受传统的地方歧视的影响，传教活动的发展格外迅速。

在这一时期，大复兴运动兴起。其背景是，民众广泛具有只有神才能拯救自己的无常期许。在传教士的指导下，人们集体祈祷，一次次地感受着上帝显验带来的神秘体验，并为之感动挥泪。信徒在这期间骤然大增。如此成功的信仰复兴在全世界也是少见的。朝鲜之所以能接受基督教，除了萨满传统的因素外，还受到一神教的世界观的影响，这种世界观也存在于东学之中。不过，兴起于日俄战争后的大复兴运动是以民众的无力感为前提的。先后经历了甲午农民战争、日俄战争、义兵战争等战乱的人们早已颓靡，以实际行动响应民众变革愿望的东学异端派等势力也已崩溃殆尽，因此民众只能将一线希望寄托于外来宗教，寻求神的拯救之手。

安昌浩、安重根（参见第九章）都是虔诚的基督徒。基督教会创办的私立学校是民族运动强有力的发源地。统监府弹压私立学校正是出于对教会学校的巨大敌意。统监府内有一部分人怀疑，某些外国传教士正在支援恢复国权运动。

然而，同情朝鲜民众的外国传教士未必对统监府政治持有批判态度。传教士以政教分离为信条，想要建立远离世俗的教会。在这一点上，他们与想要建立民族教会的朝鲜知识分子是相对立的。传教士同时又是"文明的使徒"，因此他们未必会批判倡导朝鲜文明化的伊藤博文。为了怀柔外国人，伊藤博文曾鼓励外国传教士用基督教来教化朝鲜人，并且对部分教会给予了资金支持。不仅传教士，普通外国人对伊藤博文的评价也未必是负面的。尽管他们普遍赞许裴说的反骨精神而反感日本。

化为焦土的村庄和宪兵辅助员制度

大朝帝国军队解散后，统监府对逐渐壮大的义兵运动进行了彻底的膺惩行动。驻扎军司令官长谷川好道在村落实行连坐制，对窝藏义兵、不与日军合作的村庄实行毫不留情的虐杀和烧光政策。其中当然也有抢掠和针对妇女的暴行。这就是后来日本侵华战争中三光政策的原型。三光政策早在镇压东学农民军时就已经出现了，但由于义兵的抵抗意志远胜于东学农民军，因此三光政策也被执行得更加彻底。军队解散后，英国《每日邮报》特派员麦肯齐（Frederick Arthur McKenzie）在采访义兵的路上看到，化为焦土的村庄连绵不断，所见之处尽是凄惨荒凉。只要受到义兵攻击，日本军队便会报复附近的村庄，杀戮村民（渡部学译《朝鲜的悲剧》）。

看到家园变为废墟的义兵只会对日本越来越憎恶。于是，统监府实行"归顺者政策"，让身为朝鲜人的郡守或宣谕委员拿着皇帝的诏敕劝说义兵归顺。虽然取得了一定效果，但该政策明显是由日本人指使的，因此很快宣告失败。

在这一时期发挥巨大作用的是宪兵辅助员制度。该制度由驻扎军宪兵队队长明石元二郎提出，是关于殖民地征兵的制度。1908年6月11日，《关于宪兵辅助员募集之文件》下发，宪兵辅助员制度正式施行。在谍报活动中，熟悉当地情况、在语言和行为举止上没有壁垒的朝鲜宪兵辅助员起到了前所未有的作用。义兵运动因1908年3月23日张仁焕、田明云在旧金山射杀原大韩帝国政府外交顾问斯蒂芬孙（Durham White Stevens）而一度高涨，但宪兵辅助员的出现让义兵运动迅速降温。

纯宗巡幸与伊藤博文

在这一时期，伊藤博文于1909年1月至2月两度陪同纯宗巡幸南北。1月7日至13日的南巡乘坐京釜线，依次巡幸汉城→

大邱→釜山→马山→大邱→水原→汉城。1月27日至2月3日的西巡（北巡）乘坐京义线，依次巡幸汉城→平壤→新义州→义州→定州→平壤→黄州→开城→汉城。巡幸的目的是让朝鲜人民看到，日本正在保护大韩帝国皇室，使其向好的方向发展，以此来平息大韩民族主义（反日情绪），进而终结义兵战争。《大韩每日申报》因1月21日明确批判了这一行径而遭到收押和搜查。

伊藤博文认为自己是纯宗的"太子太师"，在巡幸各地发表演讲，称自己的任务是使大韩帝国"富强"。统监府在各地组织提着灯笼、高呼万岁的游行队伍，恭迎纯宗和伊藤博文。可没想到的是，这反而更加激化了反日运动。此前坊间一直流传日

西北巡幸一行在开城满月台 绢伞下为大韩帝国皇帝纯宗，纯宗右侧为统监伊藤博文，伊藤博文右侧为大韩帝国首相李完用（1909.2.3）

本人要将纯宗挟持到日本。因此纯宗出发南巡当天，汉城有两人伏于路中痛哭。在釜山，4 000人组成敢死队，组织60只船围住纯宗所乘军舰，以死相逼，称纯宗只要渡日，他们便投海赴死。在马山，群众怒不可遏，伊藤博文直到最后也没能发表演说。西巡时，按照规定要交接大韩帝国国旗和日本国旗，而且现场也有强制命令要求执行，但开城、平壤等地坚决拒绝交接。开城还有传闻称，有人安装了炸弹要暗杀伊藤博文。

大韩民族主义已经渗透到了民众之间，伊藤博文显然低估了这一事态。灰心的伊藤博文逐渐失去了统治朝鲜的意愿，辞去统监一职的想法越来越强烈。

"南韩大讨伐作战"

义兵运动在宪兵辅助员制度的打压下有所衰退，但纯宗巡幸似乎让义兵运动再次获得了生命力。然而1909年2月27日，李殷瓒部队在京畿道杨州败退。3月31日，李殷瓒被捕，后被处决。自此以后，义兵运动急剧消退。

为了给义兵最后一击，9月1日驻扎军开始了长达40天的"南韩大讨伐作战"。此次作战沿袭了甲午农民战争时将东学农民军追赶至朝鲜半岛的西南岛屿进而歼灭的策略。不同的是，此次作战被形容为"搅拌的方式"，可见其执行之彻底。义兵搜索部队兵分多路,对每一个局部地区进行地毯式的搜查。包围村庄后,搜索部队会叫来村长进行讯问,命其提交男性名簿,对照民籍,捉拿可疑人员。这种搜查行动甚至延伸到了峻岭深谷之中。义兵搜索部队白天搜查,夜晚急袭,命令宪兵辅助员组成便衣队,进行彻底的搜查。行动最终造成2 000余人死伤或被俘,投降者接连不断(朝鲜驻扎军司令部《朝鲜暴徒讨伐志》)。

表3 义兵战争统计

年	义兵			日军		战斗次数	参战义兵数
	杀戮	负伤	俘虏	战死	负伤		
1906	82		145	3	2		
1907	3 627	1 492	139	29	63	323	44 116
1908	11 562	1 719	1 417	75	170	1 451	69 832
1909	2 374	435	329	25	30	898	25 763
1910	125	54	48	4	6	147	1 891
1911	9	6	61		6	33	216
总计	17 779	3 706	2 139	136	277	2 852	141 818

出典:朝鲜驻扎军司令部《朝鲜暴徒讨伐志》,1913年

此后,义兵运动在庆尚北道和黄海道等地仍有零星出现,大韩帝国被吞并后仍然持续了一段时间。其活动情况如《朝鲜暴徒讨伐志》附表(表3)所示。该表没有以月为单位进行详细记录。实际上,实施"南韩大讨伐作战"的1909年9月至10月,真实的死伤和被俘人数为276人。这与《朝鲜暴徒讨伐志》正文中"2 000余人死伤、被俘、投降"的记述是相矛盾的。或许

可以解释为投降的人占了绝大多数,不过并没有这样的记述。通常来说,投降会被算在被俘人数里,这样一来便很容易遮掩真实的死伤人数。截至1911年,义兵死亡17 779人,负伤3 706人,被俘2 139人。实际牺牲人数应该远高于这个数字。负伤后死亡的义兵人数也应该有很多,该表并未记录。而且,"焦土战术"会殃及许多普通农民,该数字也没有出现在表3中。义兵战争中究竟有多少人牺牲已无法确定,不过很有可能与甲午农民战争不相上下。

义兵战争的规模完全可以称得上是战争。不过,两军力量相差悬殊,日本军队仅死亡136人,负伤277人。日本是在取得这场力量悬殊的殖民地战争的胜利后吞并大韩帝国的。如果发生在第二次世界大战时期,民族解放运动会被视为正义,大韩帝国会得到外国的武装援助,义兵战争也不会如此短命。见到麦肯齐的义兵将领反复恳求他提供武器,但一介新闻记者又能怎么办呢?义兵只能在孤立无援的困境下,与强大的日军作战。曾有年轻的义兵对麦肯齐说:"我们只能去死,死就死吧,与其活着当日本的奴隶,倒不如当个自由的死人。"话中充满了决心赴死的悲壮之情。

义兵?匪贼?

即使无路可退也决不投降的是穷人和无赖出身的义兵。不知何时，他们把义兵当成了自己的职业。搞义兵运动必须向富豪、地方官筹措资金。以今天的眼光来看，这些被孤立的义兵的一些行为很有匪贼的意味。民众之间也有将其视为义贼的倾向。然而，被孤立的现状很快让他们走上了暴力筹资的道路。

其中的代表是宪兵辅助员出身的姜基东。宪兵辅助员因其暴力、亲日而臭名昭著，但他们原本都是从事农商业的穷人，也有很多是巡查或被解散的士兵。宪兵辅助员做的是强迫穷人相互敌对的残酷勾当，这种离间工作是殖民地所特有的。不过在李殷赞的号召下，姜基东觉醒了，他为了"义"加入了李殷赞的部队。李殷赞死后，姜基东继续开展活动。由于他没有隐瞒此前宪兵辅助员的身份，因此在一些地方传言中，宪兵辅助员被混同于义贼。但是，姜基东的活动很快陷入了绝境。大韩帝国被吞并后的1911年2月12日，化装后在元山的日本料理店吃喝玩乐的姜基东被捕。这种行为无异于自投罗网。宪兵队司令官明石元二郎大喜，于4月18日亲自到场观看枪决。

义兵战争至此基本终结。不过，朝鲜境内的义兵残余活动一直持续到了1915年，而主力军则在大韩帝国被吞并后渡过鸭绿江、图们江，在中国东北和海参崴等地继续开展独立运动。早在1907年12月李麟荣担任总大将指挥十三道义兵起义时，柳麟锡便提出"北边之计"，建议尽快以长白山（韩朝称"白头山"）为中心，在北方国境区域展开持久战。自那时起，日本就死死盯住了国境外的朝鲜游击队。

第九章 吞并大韩帝国

陆军大臣兼统监寺内正毅上任（1910.7.23）

一、并合决定与安重根事件

《韩国并合方针》

纯宗巡幸后,伊藤博文立即离开汉城,回到了日本。1909年4月10日,首相桂太郎与外相小村寿太郎拜访了决意辞去统监职务的伊藤博文,提出吞并方案,伊藤博文痛快地同意了该方案。6月14日,伊藤博文辞去统监职务。日本政府紧接着于7月6日内阁审议通过了《韩国并合方针》和《对韩施设大纲》,决定在"适当的时期"吞并大韩帝国。其间,伊藤博文因交接统监事务重返汉城,指挥新统监曾祢荒助废除法部和军部,彻底否定了大韩帝国的自治权。为了推进保护国计划,伊藤博文曾构想建立自治殖民地,统监为副王,其下设两院制议会和内阁,建立殖民地军队。如今,伊藤博文完全放弃了这种构想。

不仅政府、政治家、官僚、军部,伊藤博文的"自治育成"政策还受到许多普通日本人的批判。儿子在日俄战争中战死、自称"昔日之若众神田八五郎"的老人论难伊藤博文的朝鲜政策:"朝鲜不是你一个人的朝鲜,是我的朝鲜,是因此痛失长子的我的朝鲜,是日本的朝鲜!"(《独立评论》1906年6月刊)看重声誉的伊藤博文自1908年末就委婉表露出了辞去统监的意愿。纯宗巡幸失败后,伊藤博文更加深刻地意识到,日本很难在统治朝鲜的问题上达成共识,因此他不仅辞去统监职务,还认可了吞并方案。事实上,无论是保护国、自治殖民地,还是吞并一体化,朝鲜无疑都是日本的殖民地。伊藤博文在意的不过是如何避免增加统治成本、在国际上给人以穷兵黩武的印象罢了。

可实际上,伊藤博文一边嘴上说着"即便以干戈征服领土和人民,若不能安民心,则不能治之"(春亩公追颂会《伊藤博文传》下卷),另一边又出动所有军阀镇压义兵。伊藤博文虽然在同意吞并方案后的6月14日辞去统监职务,但在他的亲自指挥下,至6月底,被杀害的义兵人数竟高达16 677人,占到整个义兵战争义兵死亡人数17 779人的94%。曾祢荒助担任统监时进行的"南韩大讨伐作战"除了给义兵运动最后一击外,没有任何意义。

一进会与三派联合

在吞并方案被提上日程的过程中,最具滑稽色彩的要属一进会。宋秉畯与受伊藤博文信赖的李完用不和,而且一进会还对李完用非法敛财非常不满。一进会会员多是原东学信徒中的贫苦农民,他们是受了"只要入会就能成为两班、大臣,获得大片土地,打赢官司"的诱惑才入会的。统领他们的李容九与只关心如何立身成名、掌握权势的宋秉畯不同,他的立场决定了他必须响应农民的要求。而李完用则是被一进会会员所嫉恨的对象。

纯宗巡幸后,伊藤博文试图与一进会断绝关系。虽然高宗让位时,宋秉畯的"活跃"帮了伊藤博文的大忙,但一进会的表现未免太过活跃了。毕竟对于顺利推行保护国化政治,已将吞并事宜纳入日程的伊藤博文来说,一进会高调宣扬"韩日合邦"就是在帮倒忙。以断发为宗旨的一进会在各地受到攻击,造成许多死伤,其活动本身就是在挑起反日运动。伊藤博文将宋秉畯从农商工部大臣提拔为内部大臣,希望以此稳住宋秉畯。但宋秉畯因与李完用不和而提交辞职申请,伊藤博文只好于1909年2月27日受理该申请。

1906年10月,一进会骋请国家主义团体黑龙会的领导人、受统监府委托的内田良平为顾问,之后又与山县有朋、桂太郎、寺内正毅等人建立联系。这对于曾经挑唆东学农民军的原天佑侠成员内田良平来说是挽回失败的绝佳机会。不过,山县有朋等军人政治家原本就主张吞并大韩帝国，而且他们的影响力不逊于伊藤博文。对他们来说，一进会并没有多少利用价值，日本完全可以用武力强行推动吞并进程。在他们眼里，主动出演"朝鲜人盼望合并"这出大戏的一进会着实无关痛痒，只要不来添乱就行。后来，内田良平和黑龙会为了夸耀自己的功名，大肆宣扬一进会的重要性，这也是一进会被评价过高的原因。一进会，尤其是李容九原本是抱有联邦制的"合邦"构想的，这种构想与想彻底吞并朝鲜的日本政府水火不容。无论是伊藤博文还是山县有朋，将唯日本马首是瞻的李完用当作合作伙伴都是上策。

然而一进会并不理解这一点。9月下旬，一进会仅仅为了建立反李完用内阁，寻求与大韩协会、西北学会的三派联合。西北学会是仅次于大韩协会的大型团体，会员有4 000多人。一进会试图拉拢两派共同致力于"合邦"运动，但两派的目的是在保护国的体制下推进自治运动。如此一来，同床异梦之实很快显现了出来。

安重根事件

　　三派联合不会轻易实现，而此时又发生了一件让朝鲜人和日本人都为之惊愕的事件，即安重根射杀伊藤博文。1909年10月26日上午9点半左右，计划同俄国财政大臣科科弗采夫

(Влади́мир Никола́евич Коковцо́в) 会晤的伊藤博文在哈尔滨车站被安重根击中三枪后死亡。当场被捕的安重根用俄语高喊三声"高丽亚乌拉"（大韩万岁）。当得知伊藤博文已死时，安重根又在口中喃喃道："主啊！暴虐者终于死了。感谢主。"

安重根的同志禹德淳、曺道先、刘东夏等人也遭到逮捕。当时天下义士群起，斯蒂芬孙和"五贼"成为众矢之的。安重根击毙伊藤博文事件充分显示了当时令人窒息的民族运动情形。

1879年9月2日，安重根出生在黄海道海州，是富裕两班安泰勋的长子。安泰勋属开明派，曾在甲申政变前因朴泳孝的知遇获得前往日本的机会。甲午农民战争刚一打响，父子两人便参与了对农民军的镇压。不过，安泰勋对农民军还是抱有同情的，而安重根一生都在炫耀自己年纪轻轻便与农民军勇猛作战，从这件事也可以看出安重根的武人性格和愚民思想。安重根还参加了爱国启蒙运动，设立学校，甚至梦想成为一名

安重根（1879—1910）

企业家。然而1907年5月至6月期间,安重根被安昌浩的演讲深深打动,立志成为一名职业的民族运动家,于是他经由"北间岛"前往海参崴等地。他拜访了日俄战争以来一直在当地开展义兵运动的李范允,成为其麾下的参谋中将。安重根开展的义兵运动一开始很顺利,但很快遭遇失败。安重根每日郁郁寡欢,焦躁不安,直到听说伊藤博文前往哈尔滨的消息。

安重根列举伊藤博文废皇帝、解散军队、杀戮良民、夺取利权、搅乱东洋和平等15宗罪,严厉控诉伊藤博文将义兵视为"暴徒"杀戮无数的行为。伊藤博文在"南韩大讨伐作战"之后被射杀具有象征意义。在自己的活动乃至整个义兵运动都难以为继的情况下,决意射杀伊藤博文的安重根除了"暗杀"别无他法。持有愚民思想的安重根直到最后都只能依靠自己和部分同志。安重根"暗杀"伊藤博文象征着大韩帝国悲剧性的落幕。

"暗杀"并不等同于恐怖主义。安重根是以参谋中将的身份,按照正规的交战行为射杀伊藤博文的。当无法以集团的方式进行战争,又不愿放弃战斗时,留给弱小民族的唯一出路只有"暗杀",这就是悲剧性的现实。在法庭上,安重根与违背国际信义的日本针锋相对,大义凛然地进行抗辩,希望依据国际法得到裁决。然而结果没能如他所愿,裁决也成了只有安重根一个人在战斗的战争。

日本的舆论

"伊藤公遭难"的消息深深刺痛了日本人的心,伊藤博文得到了国葬待遇。日本国内自然对安重根憎恨无比,舆论也普遍要求将其以"狂人"(疯子)处置。然而不可思议的是,此后舆论逐渐趋于冷静,同情安重根的声音开始出现。过去,日本舆论蔑视朝鲜人,认为朝鲜人是利己的、没有爱国心的,而日本人是利他的、富有爱国心的。因此日本人始终对朝鲜人不屑一顾。然而,大义凛然的安重根不惜以死批判伊藤博文和日本,这种爱国之心绝非一般人所能企及。对于经历过幕末攘夷运动的日本人来说,安重根就是昨日的自己。

这样一来,支持吞并大韩帝国的激进言论至少在全国性报纸上已不再占据优势。例如"吞并要首先得到列强的认可"之类的冷静论调开始见诸报端。有的论调甚至认为,一进会的"合邦"运动反而是在扰乱朝鲜民心。忘却爱国心的一进会反倒成了被日本人蔑视的对象。因此我们决不能认为,伊藤博文吞并大韩帝国之意已决,而安重根事件是加速了日本的吞并进程。1910年3月26日,阴云密布,安重根被处决。翌日,《时事新报》刊文:"本日之天亦似悼彼之死。"其中似乎充满了对安重根之死的同情。

朝鲜的舆论

因为有《保安法》和《新闻纸法》，朝鲜不能有称赞安重根射杀伊藤博文的报道。不过，街头巷尾到处都能看到祝贺、欢迎、称赞的景象。官吏一个个绷紧了神经，有的官吏表面上对伊藤博文之死致以哀悼，但心里却暗自称赞安重根的行为乃快意之举。但不管怎么说，朝鲜还是弥漫着一种不安的情绪，人们不知道这一事件是否会使日本的对韩政策更加强硬。

其间，一进会对伊藤博文之死表示了哀悼，同时认为这是"合邦"的最佳时机。1909年12月4日，在三派联合尚未成形的情况下，一进会发表"合邦"声明，向皇帝递交上奏文，并分别向总理李完用、统监曾祢荒助递交请愿书。

这是一次彻头彻尾的决策失误。三派联合因此彻底崩溃，特别是大韩协会还发起了强有力的反击。虽然在当局的压制下无法召开国民大会来攻击一进会，但地方上仍然举行了一系列针对一进会的活动，如举办演讲会，劝告一进会会员退会等。基督徒也以教会为据点开展反对运动。在一些教会学校中，教师和学生勇敢地参与到了反对运动中。李完用原本也想提出"合邦"构想，但没想到被一进会抢先一步。为了扳回一城，李完用组织官方国民演说会，开展反一进会运动。汉城还没有掀起反对运动，因此国民演说会在汉城具有一定影响力，而不受欢迎的李完用也得以一改往日的形象，即便这种改变只是暂时的。

曾祢荒助驳回了上奏文以及递交给李完用的请愿书,并于翌年2月2日,与首相桂太郎一同明确表态坚决镇压"合邦"运动。决定是否并合是日本政府独有的权利,朝鲜人一律严禁参与。一进会的寿命至此终结。

安重根的思想

一进会的"合邦"运动给朝鲜社会带来巨大打击。而此时的安重根正在狱中冷静思考,构思《东洋平和论》一书。可惜的是,安重根尚未脱稿、只完成序文和正文开头便去世了。他在狱中完成的短文《所坏》(《日本外交文书》42-1)充分表达了其部分思想。

他在文中写道:"所谓文明,本是不论东西之贤人、男女、老少,人人恪守天赋之秉性,以尊崇道德、互无相争之心而生活,共享泰平之事。"之后,他又批判了提倡"竞争之说",制造"杀人机械",在全世界挑起战争的"上等社会之高等人物"——西欧人。当时除了社会进化论,天赋人权论也被引入朝鲜,而且两者均被朝鲜社会所接受。安重根开创性地发现了两者的矛盾,以后者的立场来批判前者、批判"弱肉强食"的现实世界。同时他还批判了秉持社会进化论,追随西欧文明侵略亚洲的日本,指责伊藤博文是搅乱东洋和平的元凶。

大韩帝国被吞并后,社会进化论成了被批判的对象,安重根在这其中起到先驱作用。他本是"尚武"分子,而非有着良好修养的知识分子,而且直到最后还是一名虔诚的天主教徒。但是,他的文明论中仍然可以窥见儒教民本主义的影子,而且他还以儒教民本主义为托盘来理解天赋人权论。即便到了这一阶段,为抗日提供理论依据的仍然是朝鲜式的政治文化。

二、大韩帝国的灭亡

"间岛"问题与民族运动

安重根投靠的李范允以海参崴为根据地,屡屡出击"间岛"。"间岛"是朝鲜对长白山北部的满洲南部地区的称谓,由"西间岛"(鸭绿江北岸)和"北间岛"(图们江北岸)构成。从19世纪中叶开始,很多朝鲜人移居至此。有许多贫农会员的一进会也想进入该地。因此伊藤博文与日本陆军以保护当地朝鲜人的名义进入该地。1907年8月,日本派出包括一进会会员在内的"间岛派遣队"。同月19日,统监府派出所在龙井村成立,同时配备有宪兵和警察,一进会会员担任自治体首长,进行征税、审判等实际统治。

统监府临时设立的派出所

中国自然表示了反对,而且得到了呼吁满洲开放的美国的支持。另一方面,日本无力镇压李范允等人的武力抗争,而且日本担心以美国为首的列强会因"间岛"问题改变态度,干预日本统治朝鲜。要想不被干涉,最佳方案就是吞并大韩帝国,实现日韩一体。伊藤博文同意吞并就是基于这一判断。

实际上不仅"间岛",整个满洲也逐渐具备了日后开展朝鲜民族运动的条件。大韩帝国被吞并前后,"间岛"、满洲、海参崴等地有大约30万名朝鲜人。1909年春,新民会组织一部分会员移居满洲,其中有李始荣六兄弟以及梁起铎、李东宁、李相龙等人。他们处理好自家财产后,移居到了今天吉林省柳河县三源浦一地。1910年4月,他们将满洲的朝鲜人召集起来,设立经济独立的民族自治机构耕学社、教育机构新兴讲习所,建立独立运动根据地,为将独立运动的战场转移到海外积蓄实力。

各自都有问题缠身的中日两国最终互相妥协。1909年9月4日,《图们江中韩界务条款》(韩国单方面称《间岛协约》)缔结,中国承认日本在满洲的权益,日本承认中国对"间岛"的主权。不管中日两国是否愿意,"间岛"、满洲的朝鲜民族运动都在持续高涨。

安重根之死充分表明大韩帝国的灭亡已迫在眉睫。民族运动家纷纷逃亡国外,申采浩、安昌浩等人在安重根被处决后的第二个月逃到了中国。

列强承认并合

《韩国并合方针》说在"适当的时期"吞并大韩帝国,那么什么时候是"适当的时期"呢?既然"南韩大讨伐作战"已经几乎扑灭义兵战争,那么大韩帝国内部已具备随时完成吞并的条件。不过日本仍然心有余悸。虽说日本对朝鲜的统治权已经得到了认可,但最终仍需与列强达成共识。正因如此,一进会的"合邦"运动才被封杀。

谨小慎微的日本开始对列强采取具体行动。1910年2月,外相小村寿太郎将去年7月6日内阁审议通过的《韩国并合方针》和《对韩施设大纲》通知各国。6月3日,日本同意没有关税自主权的朝鲜关税维持现状,以此换取同盟国英国的认可。

虽然美国在呼吁满洲开放的过程中越来越不信任日本,但由于美国在满洲不具备强有力的利权,因此只要俄国和日本愿意,美国也无话可说。问题在于俄国。俄国虽然对日本进入"间岛"一事抱有不信任感,但比起日本,俄国更不信任表面呼吁开放满洲、实则想在满洲谋求经济利益的美国。在各方博弈的过程中,日俄两国于7月4日签署第二次《日俄协约》。该协约是对第一次《日俄协约》的强化,目的在于对抗美国。该协约约定,以"分界线"为界,互相承认且不干涉各自的"特殊利益"。这样一来,日本便得到了俄国对吞并一事的官方认可。日本已做好了随时吞并大韩帝国的准备。

并合筹备委员会

1910年5月30日,陆军大将寺内正毅接替病弱的曾祢荒助成为第三任统监。6月3日,内阁审议通过《对韩施政方针》,决定朝鲜暂时不实行宪法,由直属于天皇的总督独揽大权统治朝鲜。统监府被新统治机构总督府取代,寺内正毅担任首代总督,负责完成吞并工作。

上任前夕,寺内正毅设立并合筹备委员会,切实制定吞并方案。原方案由外务省政务局局长仓知铁吉和统监府外务部部长小松绿制定。6月下旬至7月上旬,内阁书记官长柴田家门、法制局书记官中西清一等各部门长官作为实务委员讨论方案,决定并合后的称谓、朝鲜人在国法上的地位、大韩帝国皇室及功臣的地位、大韩帝国的债权债务、官吏的任免、外国人的权利、外国人侨居地的处置等各项事宜。7月8日,内阁审议通过《并合实行方法细目》,改大韩帝国国号为"朝鲜"。

《日韩并合条约》

7月23日,寺内正毅拿着并合细目上任。此前的6月24日,寺内正毅根据明石元二郎的提议,强迫大韩帝国政府签署了《关于韩国警察事务委托的备忘录》,将警察权夺到统监府手中。29日,《统监府警察官署官制》颁布,这就是臭名昭著的宪兵警察制度。该提案的目的是将大韩帝国警察和驻扎军宪兵队合为一体,对"南韩大讨伐作战"后的残余义兵进行日常性的清剿。明石元二郎担任宪兵队司令官兼统监府警察总长。

8月16日,寺内正毅启动吞并工作。这天,寺内正毅将李完用叫到官邸,强迫其接受吞并方案,但形式上又必须有"达成共识的条约"。所谓保护国,是指自治,或给予独立前的一种状态,而并合是与之相反的政策,这是因为日本不能再顾及国际形象了。日本经过深思熟虑后决定使用"并合"一词,它与具有对等一体化语感的"合邦""合并"不同,是对灭亡大韩帝国的一种委婉的表述。

李完用原本就认为并合应由己方内阁完成,因此他也没有理由提出什么像样的异议。不过在与农商工部大臣赵重应商议后,李完用要求国名保留"韩"字,纯宗应称"昌德宫李王殿下"、高宗应称"德寿宫李太王殿下"、皇太子应称"王世子殿下"。在寺内正毅提出的方案中,大韩帝国皇室虽受到日本皇族的礼遇,但纯宗和高宗被称为"太公殿下"、皇太子被称为"公殿下"。寺内正毅与首相桂太郎商议后,接受了除国名保留"韩"字以外的其他要求。这是因为如果保留"韩"字,将无法抑制大韩民族主义。而李完用之所以反对更改国名,只是害怕改为"朝鲜"反而会激起大韩帝国各阶层的愤怒。

这样一来,并合一事便达成了共识。18日,大韩帝国召开内阁会议,其中只有学部大臣李容植高呼"君辱臣死",坚决反对。22日召开御前会议时,李完用担心李容植会像韩圭卨那样在缔结条约时采取行动,因此巧妙设计了一个只有他缺席的会议。甲午改革失败后被长期流放的金允植于1907年6月26日解除发配,以名誉中枢院议长的身份出席了大韩帝国的最后一次御前会议。会议中,众大臣失魂落魄,以沉默的消极态度同意了李完用的提案,只有金允植一人主张"不可",但他也知道大势已去,大韩帝国终究要灭亡。纯宗皇帝就这样批准并签署了吞并大韩帝国的条约,"大韩帝国皇帝陛下将有关大韩帝国的一切统治权完全且永久地让与日本国皇帝陛下"。

亚洲的屈辱就是欧美的荣光,朝鲜的屈辱就是日本的荣光。尼赫鲁曾说,因亚洲新大国的崛起而"初尝苦果的是朝鲜"(《爸爸尼赫鲁写给我的世界史》)。日本吞并大韩帝国是即将到来的亚洲动乱的第一缕烽火。

吞并大韩帝国时的景象

《日韩并合条约》将于1910年8月29日对外公布,在此之前条约签署一事被绝对保密。不过在此期间,日本已将并合事宜通知各国,也得到了各国的认可。随着并合日期的临近,戒严状态逐步升级。24日,《关于禁止政治集会或屋外多众集会之文件》发布,政治活动被严令禁止。当时朝鲜配备有宪兵队士兵7 582人,是包括台湾地区与日本等地宪兵总数9 144人的82.9%。一旦被视为危险分子即被拘禁,一切政治演说和集会被禁止,报纸杂志也被实行最高级别的言论管制。

戒严态势反而使人们惶恐不安。8月24日,东洋拓殖株式会社一处办事所遭雷击,8名朝鲜人死亡,4人负伤。人们惴惴不安,等待着谶书《郑鉴录》中的预言变为现实。

29日终于到来,人们通过报纸得知并合一事。不过由于街上每隔15间(1间约为1.8米)就有一队宪兵或巡查,因此人们只能默默地接受现实。朝鲜人民已经完全丧失了希望。据说小松绿家的朝鲜用人还一脸认真地反问:"我以为朝鲜已经是日本的了,难道还不是吗?"(小松绿《朝鲜并合之内幕》)。《乙巳条约》和第三次《日韩协约》缔结后,朝鲜已在事实上等同于与日本合为一体,义兵运动奄奄一息,民众被置于暴力之下,生活苦不堪言,对自身命运的转变也早已变得麻木。与此前的条约相比,《日韩并合条约》不过尔尔。虽然有些人仍然对皇帝抱有期待,但对于更多以生存为第一要义的人民来说,只要施行善政,天下更迭也是可以接受的。可见,民众的民族主义大体上还是原始朴素的。

戒严的同时,总督府迅速采取了怀柔政策。《朝鲜贵族令》与并合条约同时生效,76名朝鲜人被列为贵族,其中韩圭卨、俞吉濬等六人拒绝接受爵位,历任大官的金奭镇自杀,宫内大臣、高宗的妹婿赵鼎九两次试图自杀,殉国者在全国相继出现。此外,总督府还向两班儒生9 811人发放敬老金,褒奖孝子等乡村模范,实行大赦,有不法行为的地方官也在赦免之列。而针对普通民众,总督府则免除此前未缴纳的税款,还在秋收时将地税减为原来的五分之四,向十三道下发国帑金1 700万日元,用于赈恤和教育补贴等。

这是一场临刑前的盛宴。朝鲜民众茫然失措,不知以后的道路将如何坎坷不平。他们仿佛是为了打消自己的不安似的接受了这一"恐怖的馈赠",以此获得一丝安宁。

吞并大韩帝国与"寒冬时代"

日本迎来了"韩国并合"的时刻,媒体一片礼赞庆祝之声。为吞并大韩帝国开脱的最有力论据是停滞论和他律性史观,即认为朝鲜不具备文明化的内在动力,始终被外国势力欺压,因此不能再使朝鲜保持保护国的地位,日本迫不得已只能以"并合"的方式将朝鲜升格为日本的一员。

历史学家喜田贞吉的言论中有典型的并合合理化论调。并合之年,喜田贞吉完成《韩国的并合与国史》一书,认为日韩并合就是把远古时代分家、一直过着穷苦日子的朝鲜拉回本家日本。他还用"日鲜同祖论"来为停滞论和他律性史观做补充,为并合提供正当性。这种并合合理的论调渗透到了当时日本社会的各个层面,甚至就连社会主义者也都这样认为。由片山潜等人发行的《社会新闻》(1910年9月15日刊)评论称,日本人的使命是给数千年来未能实现稳固独立的朝鲜人灌输"作为日本帝国臣民的独立心",是"使之成为伟大的日本帝国的臣民"。

1910年8月29日,日韩并合。东京市内家家户户挂起了日之丸旗,日本桥一带商家大多从下午停止营业,喝酒庆祝。从中午开始,街上就挤满了人,彩色电车往来不断,乐队奏响太鼓和笛子,人们在胜利的喜悦中结队行进,高呼万岁。这样的庆祝场面一直持续到了夜里。二重桥前拜谒皇宫的人络绎不绝,万岁之声响彻云霄。

东京市民提着提灯游行庆祝并合（1910.8.29）

这期间有一个著名的小故事。大韩帝国被吞并后大约过了十天，石川啄木咏歌道："地图上，朝鲜国，涂墨似漆黑，且听秋风诉。"石川啄木不禁对大韩帝国的灭亡表示了同情，但另一方面，他又对伊藤博文的死表达了深切的哀悼。可见，石川啄木也有其民族主义者的一面。他的这首短歌对朝鲜寄予了同情，重点在最后一句"且听秋风诉"上，这让读者深刻感觉到了"寒冬时代"的到来。

"韩国并合"的不同语义

吞并大韩帝国纪念明信片

在《日韩并合条约》签署当晚的宴会上,寺内正毅满面春风地咏道:"小早川(小早川隆景)、加藤(加藤清正)、小西(小西行长)若在世,如何见今宵之月?"侵略朝鲜本应是丰臣秀吉对日本战国时代的最后决算。对于武人寺内正毅来说,吞并大韩帝国就是对丰臣秀吉之志的继承,也是对《国盗物语》的完结。司马辽太郎在《国盗物语》中描写了一个残酷无比却又快意恩仇的日本战国时代,而当时的明治时代也如意气风发的少年一般健康明快。然而,寺内正毅那满面春风的笑容中,果真有《国盗物语》中的快意恩仇吗?恐怕在这笑容的背后,是万念俱灰、死于屠刀下的无数生灵的声声哀号罢了。

日俄战争以来,儒教民本主义政治文化不断在军事层面和法规层面遭到否定。日韩并合以后,寺内正毅更加急切地推行他的政策。然而,政治文化是构建在悠悠历史之上的,绝不可能在短时间内消亡。朝鲜社会和朝鲜人民虽然被迫改头换面,但即便在并合以后,他们依然在观念和习俗上顽强地维护着传统。而且,传统宗教和文化也不会轻易消亡。殖民地朝鲜的新生矛盾才刚刚开始。

译　注

1. 七般公贱，指妓生、内人、吏属、驿卒、牢令、官婢、获罪逃亡者。妓生，即官妓。内人，即宫女。牢令，即狱卒。

2. 八般私贱，指僧侣、伶人、才人、巫女、舍堂、举史、白丁、鞋匠。伶人，即伶人。才人，即艺人。舍堂，也写作社堂，结伴走街卖艺的男艺人，兼卖男色。举史，结伴四处卖艺的女艺人，兼卖女色。白丁，即屠户。

3. 文科，分为大科和小科。大科是只有两班子弟才有资格参加的高级文官考试。小科分为以四书五经为考核内容的生员科和以诗赋、表策等为考核内容的进士科。通常所说的文科多指大科。

4. 普玛锡，韩语写作"품앗이"，是插秧、夏季除草等农忙时节，在村落亲属之间进行的互助劳动形式，人数较少。独来，韩语写作"두레"，是全村共同进行的互助劳动形式。

5. 四色，李朝时期参与党争的四派，分别为老论、少论、南人、北人。原本朝廷内分为东人和西人两大集团。西人得势后又分裂为老壮派和少壮派，即老论和少论。而东人派分裂为北人、南人两派。

6. 百姓的形成，据深谷克己《百姓的形成》（『百姓成立』）一书解释，"百姓的形成"指"百姓能把可再生的经营水平维持下去"。

7. 甲州骚动，由全国性大饥荒"天保大饥馑"和商人囤积稻米的行为引发的农民骚乱。骚乱波及118村，319家被捣毁，江户幕府受到巨大冲击。

8. 百姓一揆，指江户时代的农民斗争，多以减免租税、撤换地方官等为目的，形式有起义、越级上诉、集体强行上诉等。

9. 格式,在日本的律令制度中,"格"指对律令进行修改和补充的法令,"式"指律令的实施细则。

10. 荡平策,不分党派录用人才的政策,旨在荡平一切党争。

11. 安东金氏,安东为金氏的本籍地、发祥地,专指某姓氏时冠于姓前,后同。

12. 国权论,日本主张国家权力对外独立和确立的理论,曾以修改不平等条约为目标,同民权论相关联,甲午战争后转向国家主义和日本主义。

13. 江户爷们儿,即江户人,包含有男子汉气概、花钱痛快、心直口快、瞧不起外地人、有勇无谋等双重语义。

14. 朝鲜圜丘坛又称朝鲜祭天坛,是朝鲜君主祭天的祭坛,只有天子有资格祭天。

15. 强制连行,指日本侵华战争时期将朝鲜与台湾地区的居民视为日本国民强行征用参战。"朝鲜人强制连行"通常指日本侵华战争至太平洋战争时期强行征用朝鲜人为劳工。

16. 北间岛,"间岛"是韩国人对图们江以北、海兰河以南的中国延边领土的单方面擅自称呼。

年　表

公历	事件
1860	5月，崔济愚开创东学。
1862	2月，朝鲜南部地区爆发民乱（壬戌民乱）。
1864	1月，高宗即位，其父兴宣大院君开始执政。
1865	5月，开始营建景福宫。
1866	2月，大院君处死法国传教士，迫害天主教徒。
	9月，烧毁美国船只舍门将军号（舍门将军号事件）。
	10月，法国舰队进攻江华岛，发生激战（丙寅洋扰）。
1868	1月，日本发布王政复古大号令。
	5月，普鲁士商人奥佩特破坏大院君之父南延君坟墓。
1869	1月，朝鲜拒绝受理日本书契。
1871	5月，大院君整顿全国书院。
	6月，美国舰队侵入江华岛，发生激战（辛未洋扰）。
1873	10月，日本政府内部发生征韩论争，西乡隆盛等人下野。
	12月，大院君失势，闵氏政权成立。
1875	9月，日本军舰云扬号侵犯江华岛（江华岛事件）。
1876	2月，《江华条约》缔结。

1880	7月，朝鲜向日本派遣修信使。
1881	5月，朝鲜向日本派遣朝士视察团（绅士游览团）。
1882	7月，汉城爆发反闵氏、反日军队叛乱（壬午兵变）。
	8月，《济物浦条约》签署；《修好条规续约》签署。
	10月，朝鲜、中国签订《中朝商民水陆贸易章程》。
1884	12月，金玉均等人组成的激进开化派在汉城发动政变（甲申政变）。
1885	1月，《汉城条约》签署。
	4月，英国军事占领巨文岛；中日签署《天津会议专条》。
	11月，大井宪太郎等人策划的大阪事件暴露。
1889	11月，日本要求朝鲜撤销防谷令。
1890	3月，山县有朋向阁僚提交《外交政略论》。
1892	11-12月，东学教徒在公州和参礼举行集会，要求为教祖崔济愚申冤。
1893	3月，东学教徒在汉城伏阁上疏，发起挂书行动（持续至4月）。
	4-5月，东学教徒在报恩和金沟举行大规模集会。
1894	2月，全琫准在全罗道古阜起义（甲午农民战争）。
	4月，东学教徒在茂长发动第一次起义。
	6月，朝鲜政府请求中国出兵援助；中国通报日本派兵朝鲜；日本通报中国派兵朝鲜；官军受理东学农民军的弊政改革案（全州和议）。
	7月，日军占领景福宫；开化派政权成立；甲午战争爆发。
	10月，东学农民军发动第二次起义。

1895	4月，《马关条约》签署；三国干涉。
	10月，日本驻朝公使三浦梧楼下令诛杀闵妃。
	12月，断发令发布。
1896	1月，第一次义兵运动爆发。
	2月，高宗移住俄国公使馆（播迁俄馆）。
	4月，徐载弼创刊《独立新闻》。
	7月，独立协会成立。
1897	10月，高宗即皇帝之位，改国号"大韩帝国"。
1898	2月，济州岛爆发房星七叛乱。
	3月，独立协会召开万民共同会，开展反俄运动。
	7月，"量田地契"开始。
	10月，独立协会召开官民共同会，要求政府认可献议六条。
	11月，独立协会与皇国协会发生巷战。
	12月，高宗下令解散独立协会。
1899	5月，全罗道北部地区爆发英学叛乱。
	8月，《大韩国国制》颁布。
1901	5月，济州岛爆发李在守叛乱。
1902	1月，英日结为同盟。
1903	1月，大韩帝国政府宣布局外中立。

1904	2月，日本军事占领朝鲜镇海湾以及釜山、马山的电信局；日俄战争爆发；日本强迫大韩帝国签署《日韩议定书》。
	8月，日本强迫大韩帝国签署第一次《日韩协约》。
1905	7月，目贺田种太郎强制执行整顿货币政策；桂太郎－塔夫脱密约签署。
	8月，第二次英日同盟成立。
	9月，《朴茨茅斯条约》缔结。
	11月，日本强迫大韩帝国签署第二次《日韩协约》(《乙巳条约》)；《皇城新闻》社长张志渊发表社论《是日也放声大哭》；闵泳焕自杀。
	12月，赵秉世自杀。
1906	2月，统监府设立。
	3月，伊藤博文就任统监。
	4月，大韩自强会成立。
	5月，闵宗植在忠清南道发动义兵起义，后被捕。
	6月，崔益铉在全罗北道发动义兵起义，后被捕。
1907	1月，国债报偿运动开始。
	4月，新民会成立。
	6月，高宗派密使赴海牙万国和平会议（海牙密使事件）。
	7月，高宗退位，纯宗即位；第三次《日韩协约》(《丁未七条约》)缔结；大韩帝国军队解散，激化的反日义兵运动演变为义兵战争。
	12月，十三道1万名倡义军以李麟荣为总大将于杨州集结。

1908	3月，张仁焕、田明云于旧金山射杀原大韩帝国政府外交顾问斯蒂芬孙。	
	12月，东洋拓殖株式会社成立。	
1909	1-2月，纯宗、伊藤博文巡幸。	
	9-10月，全罗南北道"南韩大讨伐作战"开始。	
	10月，安重根射杀伊藤博文。	
1910	3月，安重根在旅顺监狱被处决。	
	6月，宪兵警察制度开始施行。	
	8月，《日韩并合条约》签订；朝鲜总督府设立；寺内正毅担任首任总督。	

图书在版编目（CIP）数据

近代朝鲜与日本 /（韩）赵景达著；李濯凡译. ——北京：新星出版社，2019.10
ISBN 978-7-5133-3681-9

Ⅰ. ①近… Ⅱ. ①赵… ②李… Ⅲ. ①朝鲜－近代史 Ⅳ. ①K312.4

中国版本图书馆CIP数据核字（2019）第177323号

近代朝鲜与日本
[韩] 赵景达 著
李濯凡 译

责任编辑　汪　欣
特邀编辑　高伟健
装帧设计　周伟伟
内文制作　李　娜　贺　彪
责任印制　史广宜

出　版	新星出版社　　www.newstarpress.com	
出版人	马汝军	
社　址	北京市西城区车公庄大街丙3号楼　邮编100044	
	电话（010）88310888　　传真（010）65270449	
发　行	新经典发行有限公司	
	电话（010）68423599　　邮箱 editor@readinglife.com	
印　刷	山东鸿君杰文化发展有限公司	
开　本	787毫米×1092毫米　1/32	
印　张	9	
字　数	115千字	
版　次	2019年10月第1版	
印　次	2019年10月第1次印刷	
书　号	ISBN 978-7-5133-3681-9	
定　价	49.00元	

版权所有，侵权必究
如有印装质量问题，请发邮件至　zhiliang@readinglife.com

KINDAI CHOSEN TO NIHON
by Cyo Kyeungdal
© 2012 by Cyo Kyeungdal
First published 2012 by Iwanami Shoten,Publishers,Tokyo.
This simplified Chinese edition published 2019
by Thinkingdom Media Group, Limited, Beijing
by arrangement with the proprietor c/o Iwanami Shoten, Publishers,Tokyo.
All rights reserved.

著作版权合同登记号：01-2019-1616